百家争鸣

◎◎ 主编 金开诚

◎ 编著 陈长文

吉林文史出版社

吉林出版集团有限责任公司

图书在版编目（CIP）数据

百家争鸣/金开诚著.一长春：吉林文史出版社，
2011.11（2022.1重印）
（中国文化知识读本）
ISBN 978-7-5472-0929-5

Ⅰ.①百… Ⅱ.①金… Ⅲ.①先秦哲学 Ⅳ.①B22

中国版本图书馆 CIP 数据核字（2011）第 226331 号

百家争鸣

BAIJIA ZHENGMING

主编/金开诚　编著/陈长文

项目负责/崔博华　责任编辑/崔博华　王文亮

责任校对/王文亮　装帧设计/李岩冰　李宝印

出版发行/吉林文史出版社　吉林出版集团有限责任公司

地址/长春市人民大街4646号　邮编/130021

电话/0431-86037503　传真/0431-86037589

印刷/三河市金兆印刷装订有限公司

版次/2011 年 11 月第 1 版　2022 年 1 月第 4 次印刷

开本/650mm×960mm　1/16

印张/9　字数/30千

书号/ISBN 978-7-5472-0929-5

定价/34.80元

前 言

文化是一种社会现象，是人类物质文明和精神文明有机融合的产物；同时又是一种历史现象，是社会的历史沉积。当今世界，随着经济全球化进程的加快，人们也越来越重视本民族的文化。我们只有加强对本民族文化的继承和创新，才能更好地弘扬民族精神，增强民族凝聚力。历史经验告诉我们，任何一个民族要想屹立于世界民族之林，必须具有自尊、自信、自强的民族意识。文化是维系一个民族生存和发展的强大动力。一个民族的存在依赖文化，文化的解体就是一个民族的消亡。

随着我国综合国力的日益强大，广大民众对重塑民族自尊心和自豪感的愿望日益迫切。作为民族大家庭中的一员，将源远流长、博大精深的中国文化继承并传播给广大群众，特别是青年一代，是我们出版人义不容辞的责任。

本套丛书是由吉林文史出版社组织国内知名专家学者编写的一套旨在传播中华五千年优秀传统文化，提高全民文化修养的大型知识读本。该书在深入挖掘和整理中华优秀传统文化成果的同时，结合社会发展，注入了时代精神。书中优美生动的文字、简明通俗的语言、图文并茂的形式，把中国文化中的物态文化、制度文化、行为文化、精神文化等知识要点全面展示给读者。点点滴滴的文化知识仿佛颗颗繁星，组成了灿烂辉煌的中国文化的天穹。

希望本书能为弘扬中华五千年优秀传统文化、增强各民族团结、构建社会主义和谐社会尽一份绵薄之力，也坚信我们的中华民族一定能够早日实现伟大复兴！

目录

一、百家争鸣概说

　　百家争鸣是指春秋（公元前770年—公元前476年）战国（公元前475年—公元前221年）直至秦汉时期知识分子中不同学派的涌现及各流派争芳斗艳的局面。百家争鸣反映了当时社会激烈和复杂的政治斗争和思想斗争，这一时期的文化思想，奠定了整个封建时代文化的基础，对中国古代文化乃至现在有着非常深刻的影响。

先秦两汉时期，是我国古代社会大动荡、大变革、风云变幻的时期，社会经济、政治、思想文化都在发生着激烈而又复杂的变化。在剧烈的社会变革中，由于代表不同阶级和不同阶层，各派政治力量的学者或思想家对于当时社会大变革中的许多问题，各有自己的态度和主张、愿望和要求，都企图按照本阶级（层）或本集团的利益和要求，对宇宙对社会对万事万物作出解释，或提出主张，《庄子·天下篇》言："天下之人各为其

所欲焉以自为方。悲夫，百家往而不反，必不合矣！后世之学者，不幸不见天地之纯，古人之大体，道术将为天下裂"，一语道出百家争鸣之状态。儒家主张以德化民，道家主张无为而治，法家主张信赏必罚，墨家主张兼爱尚同，名家主张去尊偃兵……他们著书立说，议论政治，广收门徒，高谈阔论，互相辩难，互相批评，又互相影响，于是出现了思想领域里百家争鸣的局面。

在百家争鸣过程中，有儒、墨之争，儒、法之争，儒、道之争，等等，就是在一家之中，内部也有不同派别的争论。百家争鸣的前期，主要是儒墨两家显学相互攻击和辩难。到中期，则呈现百花齐放、百家争鸣的局面，各学派都非常活跃，你来我往，争论不休。"战国虎争，驰说云涌。人持弄丸之辩，家挟飞钳之术。剧谈者以谲诳为宗，利口者以寓言为主"（刘知几《史通·言语》）。各家的产生又有一定地域特征，如邹鲁乃儒、墨之邦，三晋多权变之士，南方为道家之乡，燕齐出阴阳家者流。到战国末期，则出现了百川归流的趋势，参与争鸣的主要是儒、法两家，并出现综合和杂取各种学派观点的杂家。秦始皇灭六国统一中国后，焚书坑儒，殃及各家各派。然而，秦享国之日短，仅二世而亡，百家争鸣的余韵存至西汉，黄老之学、杂家之学在西汉初期仍有重要的影响。

《汉书·艺文志》将春秋战国主要思想学派分为儒、墨、道、法、阴阳、名、纵横、杂、兵、小说十家，并说"诸子十家，其可观者九家而已。皆起于王道既微，诸侯力政，时君世主，好恶殊方，是以九家之术蜂出并作，各引一端，崇其所善，以此驰说，取合诸侯"。《汉书·艺文志》还对诸子的起源作了清楚的论述："儒家者流，盖出于司徒之官；道家者流，盖出于史官；阴阳家者流，盖出于羲和之官；法

家者流，盖出于理官；名家者流，盖出于礼官；墨家者流，盖出于清庙之守；纵横家者流，盖出于行人之官；杂家者流，盖出于议官；农家者流，盖出于农稷之官；小说家者流，盖出于稗官。"不难看出，这些学派的起源都有一个显著的特点：基本上都起源于官。各家各派因主张和立场不同，也就各具特色，如《尸子·广泽》所说："墨子贵兼，孔子贵公，皇子贵衷，田子贵均，列子贵虚，料子贵别囿"。又如《吕氏春秋·不二》说："老聃贵柔，孔子贵仁，墨翟贵廉，关尹贵清，列子贵虚，陈骈贵齐，阳生贵己，孙膑贵势，王廖贵先，儿良贵后"。

西汉刘歆在《七略·诸子略》中著录各家著作189家，其后的《隋书·经籍志》《四库全书总目》等书则使"百家"的著作上升到上千家。但流传较广，影响较大，最为著名的不过几十家而已。其著名的学派有：儒家、道家、法家、墨家、兵

家、纵横家、杂家、名家、阴阳家、农家、
小说家等，而诸子之主要人物有孔子、孟
子、墨子、荀子、老子、庄子、列子、韩非
子、商鞅、申不害、许行、告子、杨子、公
孙龙子、惠子、孙武、孙膑、张仪、苏秦、
田骈、慎子、尹文、邹衍、吕不韦等。诸子
百家中，儒家学说不仅在诸子百家中地位
显著，而且还成为传统文化的主流、核心
内容，对中华民族精神形成产生了无与伦
比的影响。

百家争鸣不仅把中国思想文化推到
一个新的高度，而且对中华民族几千年
灿烂文化有着极其深远的影响，许多思

想给后代留下了深刻的启示。如儒家的
"仁政"学说、孟子的民主思想、道家的
辩证法、墨家的科学思想、法家的唯物思
想、名家的逻辑学思想、兵家的军事思想
等，在今天依然闪烁着光芒。可以说，中
国思想文化后来的发展，都可以从诸子
百家争鸣时期探寻到某种根源。总之，百
家争鸣是中国历史上第一次思想解放运
动，对当时和后来社会历史的发展，起了
巨大的推动作用。

二、百家争鸣形成的背景

春秋战国时期，是中国古代历史上思想领域异常自由和活跃的时期，几乎在中国历史上绝无仅有。此时百家争鸣局面的出现，有其深刻而复杂的社会原因。

1.社会大变革

春秋战国时期，经济有了极大发展，特别是铁器的使用和牛耕的推广，大大推动了在当时经济生活中占主要地位的农业的进步。与此同时，手工业与商业也相应发展起来。由于荒地的大量开垦和劳动生产率的提高，私田不断增加，周代的井田制逐渐废弛，土地私有制产生并逐渐巩固。鲁宣公十五年（公元前594年）"初税亩"，意味着鲁国井田制的废除和土地私有制的合法化。各诸侯为了适应竞争的形势，维持自己的统治，也都先后进行了不同的改革。经济发展，人口增加，财货交流，城市繁华，各诸侯国之间宗族的藩篱逐渐被冲破，尊卑贵贱有严格规定的礼制日趋崩溃。随着封建制关系的逐步形成，社会各阶级的关系也发生了显著的变化，所谓"三后（虞、夏、商）之姓，于今为庶"

（《左传·昭公三十二年》），"君子之泽，五世而斩"（《孟子·离娄下》），都是这种变化的反映。这一时期，科学技术也取得了较大进步，如天文学、数学、光学、声学、力学、医学等方面在当时均达到较高水平。这些科技成果标志着人们认识水平的提高，丰富了人们的精神世界和物质生活。以上种种，为学术文化的繁荣提供了物质条件。

2.宽松的环境

这一时期，周王室衰微，各诸侯国林立纷争，兼并战争此起彼伏，出现了"礼坏乐崩"的形势。各诸侯国纷纷变法图强，魏之李悝，楚之吴起，秦之商鞅，赵之武灵王，韩之申不害，都是

先后实行变法革新的著名代表人物。各种力量在争衡、较量，新的统治阶级还未有绝对的权威，人们的思想也就不受任何条框的束缚和制约，尽可以畅所欲言，对社会变革的现实发表不同的看法，提出改革时弊的各种方案，就必然会出现观点各异的现象。

环境的宽松和对人才的重视，以齐国威王、宣王时期的稷下学宫尤为突出。战国时代，由于齐国经济发达、政治开明，以及良好的文化政策，齐都临淄的稷下学宫，成为当时学术文化的交流中心，儒家、道家、墨家、法家、名家、阴阳家、纵横家、兵家等各种学术流派，都曾活跃在稷下舞台上。稷下学者因政治倾向、地域文化、思维方式、价值观念的差异，各有自己的思想体系，他们潜心研讨，互相争鸣，取长补短，丰富和发展了各自学派的学说，从而使稷下学宫形成了思想多元化的格局。在学术自由的环境中，谡下诸子敢于探求和创新的精神得到发扬，大大促进了学术的发展，不仅形成了先秦百家争鸣的高峰，而且对我国古代思想文化的发展产生了重大而深远的影响。

同时，各学术团体与政治权势是相对独立的。他们虽从不同的社会集团的利益出发，纷纷著书立说，议论时事，阐述哲理，各成一家之言，但是他们并非政治附庸，依附于某个政治权势集团，而是"用我则留，不用我则去"。"士"就好像自由的鸟那样，可以"择木而栖"，从而促进了各国的人才流动。比如，商鞅在魏没有得到重用，听说秦孝公

"广令国中求贤者"，于是西入秦，求见秦孝公，终于委以重任。又比如邹衍本是齐国人，后到了燕，成为燕昭王之师。如此等等，类似的例子还很多。春秋战国这种特殊历史环境，对诸子百家的形成和百家争鸣局面的出现创造了良好的条件。

3.私学的兴起

在思想文化上，不少士大夫（知识分子）兴办私学，评论时局，寻求恢复社会秩序的良方，把本来只保存在贵族社会中的知识带到民间。西周之时，学校都是官府的。《周礼》明确规定，"古者学在官府"，无不以吏为师。那时的史官，既是官府的官吏，又是学校的老师。"礼坏乐崩"之后，一些"王官"便散入各诸侯国，有的则流落民间。"学在官府"局面的被打破，使私人办学蓬勃兴起，入学条件在西周时被大力改变，像孔子所办的私学提倡"有教无类"，教育的对象不分贵贱等级，只要学生送给他"束脩"（一串腊肉）作为学费，就可以了。从"学在官府"到"学在民间"，私学的兴起，造就了一大批知识渊博和阅历丰富的文士，同时也为学术繁荣提供了舆论阵地。讲学风气的盛行，使文化典籍广为传播，各种学说广为流传，形成了争鸣氛围。

4.士阶层的崛起

春秋以前，有一种受过礼、乐、书、射、御、数所谓"六艺"教育，享有一定数量的"食田"，具有相对稳定性收入的人，作为低级贵族，统称之为"士"。《汉

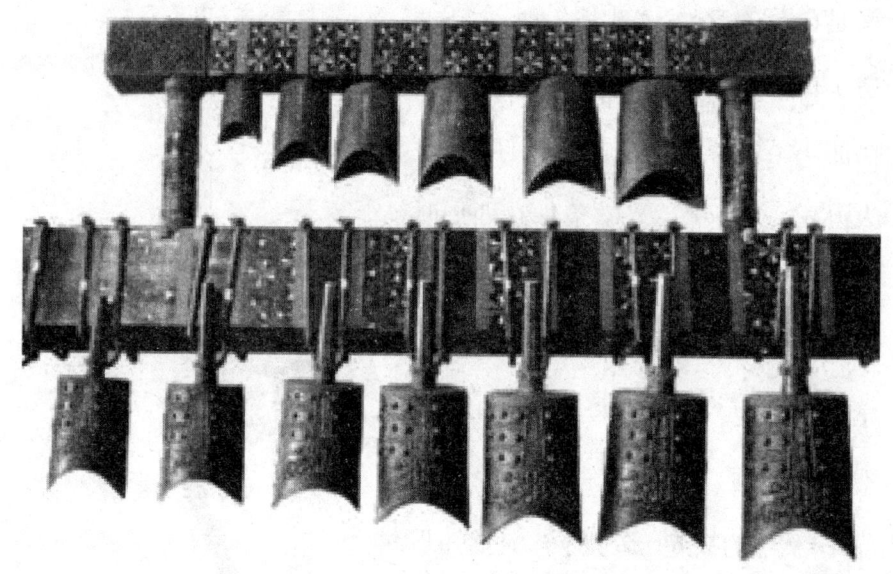

书·食货志》云："士、农、工、商，四民有业。学以居位曰士，辟土殖谷曰农，作巧成器曰工，通财鬻货曰商。"春秋战国之际，各阶级在斗争中重新分化、组合，士阶层逐渐崛起。士这一阶层较为复杂，有贵族没落降而为士的，也有自下层而上升为士的。士的流品也颇不纯，大体上包括武士、文士、策士和食客。食客之中，流品最杂，甚至有鸡鸣狗盗、引车卖浆者流。处在时代运动的旋涡之中的士，活跃于政治、历史舞台之上，各自代表着不同阶级的利益进行斗争，或用舌与笔，或用刀和剑，或两者并用，不愧为当时叱咤风云的豪杰。

士阶层的活跃，和当时社会的"养士"之风的盛行，有密切的关系。人所共知，战国是一个争战不断的时代，各国内政、外交、军事上的矛盾重重。在应付复杂的矛盾斗争中，实力固然有着举足轻重的作用，然而实力必须依赖于人的智慧。于是，人的智慧和才干便受到特殊重视。智能的竞争为士的活跃与发展提供了强

大推动力和活动场所。尊士、争士、养士遂成为上层人物的一种社会风尚。春秋时代已经开始"养士"，而战国时期更为盛行。赵简主、魏文侯、齐宣王、燕昭王是诸侯中争养士人的突出代表，养士的数目成百上千。除诸侯之外，高官贵人也普遍养士，著名的战国四公子，齐国的孟尝君田文、赵国的平原君赵胜、魏国的信陵君魏无忌、楚国的春申君黄歇，每人养士数千人，秦国的吕不韦养士也多达三千人。士中许多优秀人物受到重用，甚至出为卿相，如商鞅、吴起等，学术活动也受到鼓励和资助。有些有眼光的君主和权贵，他们不以权势骄人，主动或自觉地与士人交朋友，拜士人为师，待以上宾。还有些君主为了获得智谋，对士人免去君臣之礼而行宾主之礼。如秦王对范雎，"敬执宾主之礼"；邹衍"适梁，惠王郊迎，执宾主之礼"；魏公子信陵君无忌屈身拜请侯嬴、毛公、薛公是人所熟知的礼贤下士的典型。

三、百家争鸣中的大"家"

（一）儒家

1.儒家概述

儒家是先秦时期的一个思想流派，由孔子所创立，"儒"最初指的是司仪，后来逐步发展为以尊卑等级的"仁"为核心的思想体系。东汉许慎《说文解字》："儒，柔也，术士之称。"儒者具有柔、软的气质，并且是"术士"，其职业专门为贵族祭祖、事神、办理丧事、担当司仪等。"儒"本是鄙称，儒家这一称号，也不是孔子自家封号，而应是墨家对孔子这一学派的称呼。

春秋末年，孔子删订《诗》《书》，赞《易》，修《礼》《乐》《春秋》，在总结、概括和继承了夏、商、周三代"尊尊""亲亲"传统文化的基础上，制定了儒家经典，并提出"仁义礼"的学说和"仁政德治"理论，维护礼治，提倡德治，重视人治，儒家学派正式诞生。儒家学说主要是"祖述尧舜，宪章（效法）文武"，崇尚"礼乐"和"仁义"，要求统治者仁政爱民，"为政以德，譬如北辰，居其所而众星共之"，提倡"忠恕"和不偏不

倚的"中庸"之道，政治上主张"德治"和"仁政"，重视伦理道德教育和人的自身修养，主张"有教无类"，以使全国上下都成为道德高尚的人。庄子后学评论儒家"性服忠信，身行仁义，饰礼乐，选人伦，以上忠于世主，下以化于齐民。将以利天下"（《庄子·渔父》）。

孔子去世后，儒学与墨学并为当时的"显学"。战国时，儒家又分化为诸多支派，"儒分为八"：子张之儒、子思之儒、颜氏之儒、孟氏之儒、漆雕氏之儒、仲良氏之儒、孙氏之儒、乐正氏之儒。在儒家诸派中，以思孟学派和荀子学派最富有思想性，影响也最大。自汉武帝罢黜百家之后，儒家逐渐被神圣化、绝对化，在中国历史中，既有着艰难的系统有序的发展，更有着泰山压顶般的僵滞。然而，经过几千年的筛选修补，

儒家思想不失为祖国传统思想的瑰宝，在现代社会中仍然占有重要地位。

2.儒家代表人物

（1）孔子

孔子（公元前551年—公元前479年），名丘，字仲尼，春秋时鲁国陬邑（今山东曲阜）人。儒家学派的创始人，著名的思想家、教育家、政治家，他提出以

"仁"为核心的系统的伦理学说，开创了在当时和后世都影响很大的儒家学派，成为两千年来封建文化的正统，对中国思想文化的发展有极其深远的影响。后世尊称他为"至圣"、"万世师表"。

孔子幼时即丧父，家境贫寒，15岁立志求学。相传，他曾问礼于老聃，学乐于苌弘，学琴于师襄，通过私人传授，博习诗书礼乐。孔子"三十而立"，在曲阜城

北设学舍，开始私人讲学，打破了"学在官府"的传统。后离鲁至齐，齐景公欲任用孔子，但遭晏婴等人阻挠未成，不久孔子返回鲁国继续讲学。公元前501年，孔子任鲁国中都宰，颇有政绩，后又迁为大司寇，但因受到排挤而去职，率颜回、子路等十多名弟子历游宋、卫、陈、蔡、齐、楚等国，颠沛流离14年，志欲改良时政，复兴周礼，但终无所遇。孔子68岁重返鲁国，政治上仍不得志，转而专力从事讲学和著述，编订或整理出《诗》《书》《易》《礼》《乐》等文化典籍。公元前479年病逝，葬于鲁城北泗水之上。

孔子一生思想学说的核心是"仁"，认为"仁"就是要爱人，要求人与人之间要相互爱护，融洽相处，实现"仁"要坚持"己欲立而立人，

己欲达而达人"，"己所不欲，勿施于人"的"忠恕之道"，而体现"仁"的制度或行为的准则是"克己复礼"，即克制自己的欲望以符合周礼，维护宗法等级的上下尊卑关系。孔子把"礼"视为区别华、夷的标志，认为维护周礼，须"非礼勿视、非礼勿听、非礼勿言、非礼勿动"，只有这样，视、听、言、动都符合周礼，才能做到真正的"仁"。在政治上，孔子提出实行德政，即实行惠民政策，对民宽刑罚而重教化，希望统治者对人民要"道之以德，齐之以礼"。在教育上，孔子首次提出"有

教无类",认为世界上所有的人都享有受教育的权利。在长期的教育实践中,逐步形成了一套行之有效的教育方法,如教学要"诲人不倦"、"循循善诱"、"因材施教",而学习应"举一反三"、"温故而知新",并提倡"知之为知之,不知为不知"的老实态度。孔子的教育思想,至今仍然有启发和教育的重要意义。

(2)孟子

孟子(约公元前372年—约公元前289年),名轲,字子舆,战国时鲁国邹(今山东邹城市)人。中国古代著名思想家、教育家、政治家。他曾受业于子思的门人,发展了孔子的"礼治"和"德政"思想,提倡"王道",主张"仁政",并以此到齐、梁、鲁、邹、宋、滕等国游说诸侯。孟子很是自负,曾言:"如欲平治天下,当今之世,舍我其谁

也！"但终因其学说"远水不解近渴"而不被采纳。故此晚年去齐回国，专心从事学术研究和培养学生。孟子成为仅次于孔子的一代儒家宗师，有"亚圣"之称，与孔子合称为"孔孟"。

孟子游历列国，宣传"以德服人"的"仁政"，主张"井田制"，让百姓有"恒产"，如果统治者施行仁政，可以得到人民的衷心拥护；反之，如果不顾人民死活，推行虐政，将会失去民心而变成独夫民贼，被人民推翻。由此，他提出了"民为贵，社稷次之，君为轻"与"得道者多助，失道者寡助"的民本思想。孟子反对非正义的战争，倡导"性善论"，认为人的本性是善的，每个人生来就具有怜悯同情之心、羞耻憎恶之心、恭敬辞让之心和是非之心。孟子还把道德规范概括为四种，即仁、义、礼、智，同时把人伦关系概括为五种，即"父子有亲，君臣有义，夫妇有别，长幼有序，朋友有信"。孟子的一生，则做到了"穷则独善其身，达者兼济天下"。

（3）荀子

荀子（约公元前313年—公元前238年），名况，字卿，因避西汉宣帝刘询讳，因"荀"与"孙"二字古音相通，故又称孙卿。战国时期赵国猗氏（今山西安泽）人，著名思想家、文学家、政治家。荀子50岁时到齐国来游说讲学，曾三次出任齐国稷下学宫的祭酒，在秦国考察过政治，谒见秦昭王和丞相范雎，讨论如何治理国家。荀子到了楚国后，春申君让他担任兰陵令。春申君死后，荀子被罢了官，便定居在兰陵（今山东苍水县兰陵镇），著书立说，直至去世。他曾经传道授业，战国末期两位最著名的思想家、政治家韩非、李斯均为其门下高徒。

荀子是继孟子之后儒家的另一位代表人物。荀子虽然还是以儒家思想为主，但是他在继承前期儒家学说的基础上，综合了儒、墨、道三家的思想精华，建立起自己的思想体系。他提出"性恶论"，主张人性有"性"和"伪"两部分，性（本性）是恶的动物本能，伪（人为）是善的礼乐教化，否认天赋的道德观念，强调后天环境和教育对人的影响，但也坚持"天行有常"，"制天命而用之"。在政治思想上，他坚持儒家的礼治原则，主张"仁义"和"王道"，"以

德服人"，提出"君者，舟也，庶人者，水
也，水则载舟，亦则覆舟"。同时重视人
的物质需求，主张发展经济和礼治法治
相结合，所以荀子的学生中才出了李斯、
韩非这样代表法家思想的人物。荀子改
造儒家思想，综合了法家和道家思想的
积极合理成分，使儒家思想更能适应社
会的需要。

3.儒家代表著作

儒家经典主要有儒学《十三经》。
《十三经》是儒家文化的基本著作，就传
统观念而言，《易》《诗》《书》《礼》《春
秋》谓之"经"，《左传》《公羊传》《谷梁
传》属于《春秋经》之"传"，《礼记》《孝
经》《论语》《孟子》均为"记"，《尔雅》
则是汉代经师的训诂之作。后来的"四
书"是指《大学》(《礼记》中一篇)、《中
庸》(《礼记》中一篇)、《论语》《孟子》，
"五经"则指：《周易》《尚书》《诗经》
《礼记》《左传》。

(1)《论语》

《论语》是记载孔子及其学生言行的一部书,谈论为人、处世与为政行仁的言论,涉及哲学、政治、经济、教育、文艺等诸多方面,内容非常丰富,是儒学最主要的经典之一。关于《论语》名称的来由,班固《汉书·艺文志》说:"《论语》者,孔子应答弟子时人及弟子相与言而接闻于夫子之语也。当时弟子各有所记。夫子既卒,门人相与辑而论纂,故谓之《论语》。"《论语》言简意赅、含蓄隽永,是语录体散文的典范。《论语》中所记孔子循循善诱的教诲之言,或简单应答,点到即止;或启发论辩,侃侃而谈;富于变化,娓娓动人。汉代,有《鲁论语》(二十一篇)、《齐论语》(二十二篇)、《古文论语》(二十一篇)三种《论语》版本流传,但后两种于汉魏之间失传。《论语》的语言简洁精炼，含义深刻，其中有许多言论至今仍被世人视为至理。

(2)《孟子》

《孟子》是孟子的弟子万章、公孙丑等人整理记录孟子言行的书，有《梁惠王》《公孙丑》《滕文公》《离娄》《万章》《告子》《尽心》七篇。《孟子》一书集中地体现了孟子的政治思想、哲学思想和教育思想。《孟子》主张仁政，崇尚王道，主张统治者对臣民应减轻刑罚与赋税，发展农业生产，并对其施行道德教化，从而使国家长治久安。孟子提出了"民为贵，社稷次之，君为轻"的民本主义思想，指出国家存在的根本不在于"天时"、"地利"，而在于"人和"，劝诫统治者要与民同忧同乐。在哲学上，孟子提出"性善

说"。孟子非常重视教育对人的影响作用；强调人的自我教育，主张修身养性，"养吾浩然之气"，以完善自我；他还教育人们为实现远大奋斗目标，要有"苦其心志"、"劳其筋骨"、"饿其体肤"的吃苦精神。《孟子》之文文意贯通，文采飞扬，说理透彻，有条不紊，气势充沛并长于论辩，后世许多散文大家无不因袭孟子的文风。

孟子之思想，为秦始皇所厌而毁之。《汉书·艺文志》仅仅把《孟子》放在诸子略中，视为子书，一直受冷落。唐代宗执政，《孟子》才列入儒家经典，北宋王安石第一次把《孟子》与《论语》并列，南宋朱熹将《孟子》列入"四书"。明朱元璋因独裁曾命人删节《孟子》，但《孟子》影响深远，在中华文化史上的地位是不可低估的。

（3）《荀子》

《荀子》现存三十二篇，大部分是荀子自己的著作，涉及到哲学、逻辑、政治、道德许多方面的内容。《荀子》博大精深，足称宏富，内容可谓应有尽有。如哲学专论有《天论》《荣辱》《解蔽》《正名》《性恶》等，政治学专论有《非相》《仲尼》《儒效》《王制》《王霸》《君道》《臣道》《强国》《正论》《礼论》《君子》等，军事学专论有《议兵》，经济学专论有《富国》，教育学专论有《劝学》，学术史专论有《非十二子》，伦理学专论有《修身》、《不苟》，人才学专论有《致士》，音乐艺术专论有《乐论》。此外，《荀子》中还出现了较为纯粹的文学作品《成相》与《赋篇》（包括五赋二诗）。《荀子》之文论题鲜明，结构严谨，说理透彻，气势浑厚，语言质朴，句法简练缜密，语言丰富多彩，善于比喻，排比偶句

很多,对后世说理文章影响很大。

(二)道家

1.道家概述

道家又称"道德家"。道家思想起始于春秋末期的老子,但秦时期并没有"道家"这一名称。用"道"一词来概括由老子开创的这个学派是由汉初开始的,这时,道家也被称为德家。《汉书·艺文志》云:"道家者流,盖出于史官,历记成败存亡祸福古今之道,然后知秉要执本,清虚以自守,卑弱以自持,此君人南面之术也。"道家思想在中国传统文化中占据了极重要的地位。

道家学派以春秋末年老子关于"道"的学说作为理论基础,直接从天道运行的原

理侧面切入，以"道"说明宇宙万物的本质、本源、构成和变化，认为天道无为，万物自然化生，否认上帝鬼神主宰一切，主张道法自然，顺其自然，提倡清静无为，由此衍化为"人天合一"、"人天相应"、"为而不争，利而不害"，"修之于身，其德乃真"等思想，政治理想是"小国寡民"、"无为而治"。西汉太史令司马谈《论六家要旨》说："道家使人精神专一，动合无形，赡足万物。其为术也，因阴阳之大顺，采儒墨之善，撮名法之要，与时迁移，应物变化，立俗施事，无所不宜，指约而易采，事少而功多。""其术以虚无为本，以因循为用。无成执，无常形，故能究万物之情。不为物先，不为物后，故能为万物主。"

道家学派的创始人是老子。老子以后，道家内部分化为不同派别，著名的有四大派：庄子学派、杨朱学派、宋尹学派和黄老学派，代表人物有关尹、庄周、列御寇、杨朱、彭蒙、田骈等。

道家的著作，除《老子》《庄子》之外，还有《管子》中的《心术》上、《心术》下、《白心》《内业》诸篇，汉初的《淮南子》、晋人的《列子》以及1973年长沙马王堆出土的《经法》《道原》《称》《十六经》等。

　　道家思想在中国传统文化中的地位仅次于儒家。西汉初年，汉文帝、汉景帝以道家思想治国，而有文景之治。汉武帝"罢黜百家，独尊儒术"后，道家从此成为非主流思想，但对统治者、知识分子和下层社会影响经久不衰，许多有作为的皇帝如唐玄宗、宋徽宗、朱元璋、康熙都曾专门给《道德经》作注。此外，道家思想以其独特的宇宙、社会和人生领悟，在哲学思想上呈现出永恒的价值与生命力，魏晋玄学、宋明理学都糅合了道家思想发展而成。佛教传入中国后，也受到了道家的影响，禅宗在诸多方面受到了庄子的启发。道家思想更为道教吸收，道教尊老子为太上老君，奉《道德经》为道教的经典，奉《庄子》为《南华真经》，并且用老庄的哲学来论证道教的神仙学，建立了道教的宗教哲学体系。

2.道家代表人物

（1）老子

老子，姓李名耳，字聃，楚国苦县（今安徽涡阳县）人，是我国古代伟大的哲学家和思想家，道家学派创始人。老子的哲学思想和由他创立的道家学派，不

但对我国古代思想文化的发展作出了重要贡献，而且对我国两千多年来思想文化的发展产生了深远的影响。

老子生活在春秋时期，曾在东周国都洛邑（今河南洛阳）任守藏史（相当于国家图书馆馆长）。他博学多才，孔子周游列国时曾到洛阳向老子问礼。老子晚年乘青牛西去，并在函谷关（位于今河南灵宝）前写成了五千言的《道德经》（又名《老子》），最后不知所终。

老子把"道"抽象化，概括成普遍的无所不包的最高哲学概念。在他看来，道既是凌驾于天之上的天地万物的本原，又是客观自然规律，具有"独立不改，周行而不殆"的永恒意义。他还提出"天法道，道法自然"的思想，摒除利"天命"的绝对权威。在政治上，老子主张"无为而治"，无为是指不妄为，不胡作非为，不为所欲为，理想政治境界是"邻国相望，鸡犬之声相闻，民至老死不相往来"。老子的哲学里包含着丰富的辩证法思想，指出任何事物都有矛盾对立的两个方面，如"正复为奇，善复为妖"，"祸兮福之所倚，福兮祸之所伏"，矛盾两方还可以互相转化，即"反者道之动"，转化的途径是"守静"。

（2）庄子

庄子（约公元前369年—前268年），名周，字子休（一说子沐），战国时代宋国蒙（今安徽省蒙城县，另一说河南省商丘市东北）人。著名思想家、哲学家、文学家，是老子哲学思想的继承者和发展者，道家学派的代表人物。庄周身世如谜，据说出身于没落贵族家庭，相传，庄子妻子过世时，他鼓盆而歌。庄子曾做过宋国漆园吏的小官，后来厌恶官职，"终身不仕"。后世将庄子与老子并称为"老庄"，称他们的哲学为"老庄哲学"。

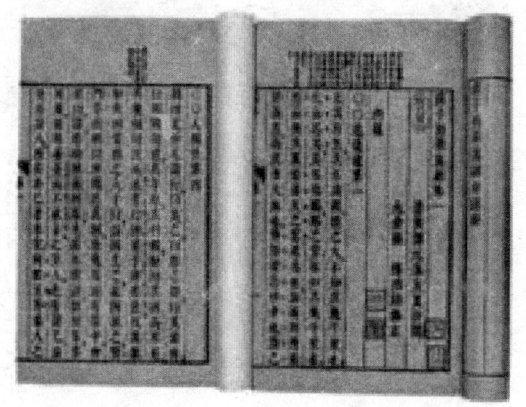

庄子继承并发扬了老子的道家思想。他认为"道"是"虚无"的实体，能生成天地与万物。《庄子》载："夫道，有情有信，无为无形；可传而不可受，可得而不可见，自本自根，未有天地，自古以固存，神鬼神帝，生天生地。"又说："道不可闻，闻而非也；道不可见，见而非也；道不要言，言而非也。知形形之不形乎，道不当名。"庄子思想包含着朴素辩证法因素，认为一切事物都在变化，他认为"道"是"先天生地"的，从"道未始有封"（即"道"是无界限差别的）。庄子倡导"无为"，放弃生活中的一切争斗，游心于物外，不为世俗所累，从而达到一种"天地与我并生，万物与我为一"的逍遥境界。

作为富于诗人气质的哲学家，庄子在我国思想史上、文学史上都有极重要的地位，影响巨大而深远。后世道教继承道家学说，庄子被神化而奉为神灵，唐玄宗天宝元年封其为"南华真人"，宋徽宗时封为"微妙元通真君"。

3.道家代表著作

（1）《道德经》

《道德经》，又称《道德真经》《老子》《五千言》《老子五千文》，传说是老子李耳所撰写，是道家哲学思想的重要来源。《道德经》文约意丰，涵盖哲学、伦理学、政治学、军事学等诸多学科，内容博大精深、玄奥无极、涵括百家、包容万物，是第一部用诗化语言阐述中国哲学的巨著，是中国传统文化的优秀代表。《道德经》不仅是一部哲学经典，而且文字简洁、辙韵强劲，因此，

还被称作是一种特殊形式的诗。

《道德经》分上下两篇，原为上篇《德经》、下篇《道经》，不分章，后改为《道经》在前，《德经》在后，并分为八十一章。《道经》讲述了宇宙的根本，道出了天地万物变化的玄机。《德经》说的是处世方略。《道德经》之学旨在于从天人合一之立场出发，穷究作为天地万物本源及宇宙最高理则之"道"，以之为宗极，而发明修身治政等人道。所谓"人法地，地法天，天法道，道法自然"，人道当取法于地，究源及道所本之自然，因而，人们应自然无为听天由命，当"处无为之事，行不言之教"，还刀兵，离争斗，不尚贤，不贵难得之货，不见可欲，使民虚心实腹，无知无欲，如此，则无为而治。《庄子·天下篇》总结《道德经》思想说："以本为精，以物为粗，以有积为不足，澹然独居神明居。……建之以常无有，主之以太一，以濡弱谦下为表，以空虚不毁万物为实。"

《道德经》被誉为"万经之王"，以博大精深的思想和人文精神对中国古老的哲学、科学、政治、宗教等，产生了深刻的影响。它也成为世界历史文化遗产的宝贵财富，越来越多的西方学者不遗余力地探求其中的科学奥秘，德国、法国、英国、美国、日本等发达国家相继兴起了"老子热"。

（2）《庄子》

《汉书·艺文志》著录《庄子》五十二篇，但留下来的只有三十三篇，分"内篇"、"外篇"、"杂篇"三个部分，一般认为"内篇"的七篇文字肯定是庄子所写的，《齐物论》、《逍遥游》、《大宗师》集中体现了庄子思想；"外篇"十五篇一般认为是庄子及其弟子合作写成的；"杂篇"应当是庄子学派或者后来的学者所

写，《盗跖》、《说剑》等不是庄子之思想。

《庄子》在中国的文学史上独树一帜，其文章生动细腻，挥洒自如，意象雄浑飞越，想象汪洋恣肆，情致滋润旷达，文笔变化多端，具有浓厚的浪漫主义色彩，并采用寓言故事形式，富有幽默讽刺的意味，对中国的古代小说和传奇的文本表达有重大的影响。《庄子》句式也富于变化，或顺或倒，或长或短，更加之词汇丰富，描写细致，又常常不规则地押韵，显得极富表现力，极有独创性。《庄

子》标志着先秦散文已经发展到成熟的
阶段。

（三）墨家

1.墨家概述

墨家是先秦诸子百家中很重要的学
派之一，在当时和儒家一起并称先秦时
代的两大"显学"，当时有"非儒即墨"之
说。墨家因创始人是墨翟，世称墨子，故
而这一学派被称为墨家学派。墨家代表
著作是《墨子》，由墨子的弟子根据授课
笔记编撰而成。

《汉书·艺文志·诸子略》中说："墨家者流，盖出于清庙之守。茅屋采椽，是以贵俭；养三老五更，是以兼爱；选士大射，是以上贤；宗祀严父，是以右鬼；顺四时而行，是以非命；以孝视天下，是以上同；此其所长也。及蔽者为之，见俭之利，因以非礼，推兼爱之意，而不知别亲疏。"此说墨家出自清庙之守，意思是管理庙中事物，演习郊祀或其他祭祀礼仪，也有说墨家者流盖出于武士，其实，墨家应主要来源于社会中下层手工业者。

《淮南子·要略》载："墨子学儒者之业，受孔子之术。"可见墨家是从儒家分出来的。但墨家的主张和儒家是针锋相对的。墨家主张"兼爱"，兼，视人如己；兼爱，即爱人如己，"天下兼相爱"，就

可达到"交相利"的目
的。政治上主张尚贤、尚
同和非攻，反对世卿世
禄制度，认为任用官吏
要重视才能，打破旧
的等级观念，使"官
无 常 贵，而 民 无 终
贱"；经济上主张强本节用；思想
上提出尊天事鬼。同时，又提出"非命"
的主张，强调靠自身的强力从事。

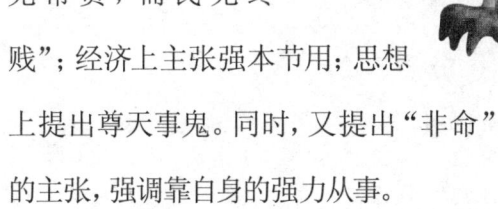

　　墨家组织严密，其徒属从事谈辩者，
称"墨辩"；从事武侠者，称"墨侠"；领
袖称"巨（钜）子"。墨家讲究"任侠"，
相传皆能赴汤蹈刃，并以自苦励志。墨
家尤重艰苦实践，"孔席不暖，墨突不
黔"，"短褐之衣，藜藿之羹，朝得之，
则夕弗得"，"摩顶放踵，利天下，为之"
（《孟子·尽心上》），"以裘褐为衣，以
跂蹻（草鞋）为服，日夜不休，以自苦为
极"，生活清苦。墨家纪律严明，相传"墨

者之法，杀人者死，伤人者刑"（《吕氏春秋·去私》）。

墨翟死后，墨家分裂为三派，有相里氏之墨，邓陵氏之墨，相夫氏之墨，活动于战国中后期。至战国后期，汇合成二支：一支注重认识论、逻辑学、数学、光学、力学等学科的研究，对前期墨家的社会主张多有继承，是谓后期墨家，另一支则转化为秦汉社会的游侠。战国以后，墨家已经衰微。到了西汉时，由于汉武帝的独尊儒术政策、社会心态的变化以及墨家本身并非人人可达的艰苦训练、严厉规则及高尚思想，墨学由显学逐渐变为绝学。

2. 墨家代表人物：墨子

墨子（约公元前468年—公元前376年），名翟，鲁小邾国人（今山东省滕州市人），战国时期著名的思想家，教育家，军事家，也是先秦诸子中唯一的自

然科学家，墨家学派的创始人，并有《墨子》一书传世。

《史记·孟子荀卿列传》中说："盖墨翟宋之大夫，善守御，为节用。或曰并孔子时，或曰在其后。"墨子平民出身，是小工业者。他精通手工技艺，可与当时的巧匠鲁班相比。他自称是"鄙人"，被人称为"布衣之士"和"贱人"。曾做过宋国大夫，自诩说"上无君上之事，下无耕农之难"，是一个同情"农与工肆之人"的士人。墨子曾经从师于儒者，学习孔子之术，称道尧舜大禹，学习《诗》《书》《春秋》等儒家典籍。但后来逐渐对儒家的烦琐礼乐感到厌烦，最终舍掉了儒学，形成声势浩大的墨家学派。墨子一生的活动主要在两方面，一是广收弟子，积极宣传自己的学说，二是不遗余力地反对兼并战争，为"扶危济困"的正义事业而奔波，班固在《答宾戏》中说："孔席不暖，墨突不黔"，又说他"日夜不休，以自苦为极"。可以说，墨子为下层劳动人民争取切身的利益，为解决或减轻他们的贫困和饱受压迫之苦而付出极大的心血。

墨子有十项主张：兼爱、非攻、尚贤、尚同、节用、节葬、非乐、天志、明鬼、非命，其中以兼爱为核心，以节用、尚贤为基本点。除了政治上的建树和理论上的学说之外，墨子在物理学、光学等领域也有所研究。墨子几乎谙熟当时各种兵器、机械和工程建筑的制造技术，并有不少创造。在《墨子》一书中的"备城门"、"备水"、"备穴"、"备蛾"、"迎敌祠"、"杂守"等篇中，他详细地介绍和阐述了城门的悬门结构，城门和城内外各种防御设施的构造，弩、桔槔和各种攻守器械的制造工艺，以及水道和地道的构筑技术。

墨子的为人，在当时有很高的评价。《孟子·尽心上》中说："墨子兼爱，摩顶放踵利天下，为之"，对他的"士志于道"十分赞扬。《庄子·天下》中说墨子："好学而博"，并且认为他是个以天下为己任、立志救民于水火之中的大好人，由衷地称赞"墨子真天下之好也，将求之不得也，虽枯槁不舍也，才士也夫！"

3. 道家代表著作：《墨子》

《墨子》是墨子的弟子及其再传弟子对墨子言行的辑录。西汉时刘向把《墨子》整理成七十一篇，但六朝以后逐渐流失，现在所传的《道藏》本共五十三篇。《墨子》内容广博，包括了政治、军事、哲学、伦理、逻辑、科技等方面，是研究墨子及其后学的重要史料。

《墨子》分两大部分：一部分是记

载墨子言行，阐述墨子思想，主要反映了前期墨家的思想；另一部分《经上》《经下》《经说上》《经说下》《大取》《小取》等六篇，一般称作《墨辩》或《墨经》，着重阐述墨家的认识论和逻辑思想，还包含许多自然科学如天文学、几何光学和静力学的内容，反映了后期墨家的思想。

《墨子》一书政治观点和道德观念形成的共同基本核心思想，便是墨子提出的"兼爱"（兼相爱）。"兼爱"是墨家学派的主要思想观点，其他非攻、节用、节葬、非乐等主张，也都是由此而派生出来的。墨子以"兼爱"为其社会伦理思想的核心，认为当时社会动乱的原因就在于人们不能兼爱。"兼

爱"即人与人之间实行普遍的、无差别的互相友爱，就是"视人之国，若其国；视人之家，若其家；视人之身，若视其身"，使彼此的利益兼而为一。如果"诸侯相爱，则不野战；家主相爱，则不相篡；人与人相爱，则不相贼；君臣相爱，则惠忠；父子相爱，则慈孝；兄弟相爱，则和调。天下之人皆相爱，强不执弱，众不劫寡，富不侮贫，贵不傲贱，诈不欺愚，凡天下

祸篡怨恨，可使毋起者，以相爱生也，是以仁者誉之。"（《墨子·兼爱中》）墨子的"兼爱"其实是对儒家"仁"的改造，提倡"无差别的爱社会上一切人"。

从"兼爱"出发，《墨子》还提出"非攻"，反对侵略和掠夺的不义战争；"尚贤"，

尊重、重用贤人,所谓
"官无常贵,民无终
贱;有能则举之,无能
则下之";"尚同","选
天下之贤可者,立为
天子";"节用",反对
贵族的铺张浪费;"节

葬",反对儒家倡导的厚葬;"非乐",反
对音乐,认为音乐的盛行妨碍男耕女织。
此外,《墨子》还提到"天志""明鬼"的
思想,认为,天是有意志的,并且"天志"
是衡量人世间一切言行的尺度,而"天
志"就是要求人们"兼爱","顺天意者,
兼相爱,交相利,必得赏;反天意者,别
相恶,交相贼,必得罚。"而"明鬼"坚信
鬼神其有,而且尤其认为它们对于人间君
主或贵族会赏善罚暴。但是,墨子认为寿
夭、贫富、安危、治乱不是天命决定的,
而是由人力决定的。由于人的努力,可以
达到"富"、"贵"、"安"、"治";如果相信命定，不去努力从事，就必然得到相反的结果。

（四）法家

1. 法家概述

法家是先秦诸子中颇具影响的一个学派，因主张以法治国，"不别亲疏，不殊贵贱，一断于法"，故称之为法家，其学说为君主专制的大一统王朝的建立，提供了理论根据和行动方略。儒、墨是春秋战国时期思想学术的"显学"，法家则在政治上独步天下。

法家起源于古代掌管诉讼的官员，《汉书·艺文志》中说："法家者流，盖出于理官。信赏必罚，以辅礼制。""理官"严格按法律、规定进行奖赏和惩罚，以此来辅助礼制。管仲、子产是法家的先驱，而在战国初期，李悝、商鞅、申不害、慎到等开创了法家学派。至战国末期，韩非综合商鞅的"法"、慎到的"势"和申不害的"术",集法家思想学说之大成。"法"即法律、法令,是要求臣民必须遵守的;"势"即君主独掌军政大权的权势;"术"即权术,是君王控制驾驭臣民的手段和策略。

法家学派主张废井田,重农抑商、奖励耕战,认为发展农业生产,国家才能有足够的粮食布帛,人民才能富裕起来;重视战争,军队才能强大,才能争霸于天下。政治上,法家认为"时异则事异","事异则备变","圣人不期修古,不法常可。论世之事,因为之备",故而主张锐意改革。商鞅提出"不法古、不循今",韩非子更提出"时移而治不易者乱",把守旧的儒家讽刺为守株待兔的愚蠢之人。法家重视"法治",强调"法"是治国的根本,正如《史记》所说:"法家不别亲疏,不殊贵贱,一断于法。"同时,反对分封和世袭制,主张君主专制和独裁,主张建立由中央委派官吏的郡县制。思想和教育方面，法家则主张禁断诸子百家学说，以法为教，以吏为师。

法家的代表人物主要有：管仲、李悝、商鞅、申不害、慎到、李斯、韩非等人。《汉书·艺文志》著录法家著作有二百十七篇，今存近半，其中最重要的是《商君书》和《韩非子》。

春秋战国时期，法家学派就政治层面而言，远较其他各家的影响大。在战国各诸侯国的变法革新中法家占据了统治地位，在学术界也成为战国时的显学。秦

始皇君臣崇尚法家，正是用法家学说为指导灭掉了六国，统一了中国，使法家思想取得了辉煌的胜利。西汉武帝尊儒以后，法家的影响逐渐势微，作为严格意义上的法家就从政治舞台上消失了，但法家学说仍然或隐或显地发挥着作用。历代统治者多数采用"霸王道杂之"即外儒内法、儒法并用的统治方法。

2. 法家代表人物

(1) 商鞅

商鞅（约公元前390年—公元前338年），卫国（今河南安阳市内黄梁庄镇一带）人，战国时期政治家，思想家，著名法家代表人物。卫国国君的后裔，公孙氏，故称为卫鞅，又称公孙鞅，后封于商，后人称之商鞅。

商鞅早年为魏国宰相公叔痤家臣。公叔痤病重时对魏惠王说："公孙鞅年少有奇才，可

任用为相。"又对惠王
说:"王既不用公孙
鞅,必杀之,勿令出
境。"公孙痤病死后,
魏王并没有重用商
鞅。后来听说秦孝公
下令求贤者,商鞅便
携李悝的《法经》到
秦国去。通过秦孝公
宠臣景监,三见孝公,
商鞅畅谈变法治国之
策,孝公大喜,商鞅得
到了施展他变法理想

的舞台。周显王十三年(公元前356年)和
十九年(公元前350年)商鞅先后两次实
行变法,主要内容为:建立新型的军功爵
制,激励士兵奋勇杀敌;奖励耕织,保证
了秦国后方粮草充足;制定新法,使得百
姓各司其职,安分守己。变法期间,太子
犯法,商鞅曰:"法之不行,自上犯之",

刑其太傅公子虔与老师公孙贾。秦国自商鞅变法后，迅速成为一个强大的诸侯国，为后世统一天下奠定了基础。孝公死后，商鞅被贵族诬害，逃亡至边关，欲宿客舍，结果因未出示证件，店家害怕"连坐"不敢留宿，自是"作法自毙"。后商鞅被杀于郑国黾池，死后被秦惠王处"车裂之刑"，并以灭族。

（2）韩非

韩非子（约公元前275年—公元前233年），韩国都城阳翟（今河南省禹州市）人，中国古代著名的哲学家、思想家和散文家，法家思想的集大成者，世称"韩非子"。韩非原为韩国贵族，与李斯同师荀卿。韩非博学多能，才学超人，思维敏捷，李斯自以为不如。韩非口吃，但他善于写作，且继承和发展了荀子的法术思想，同时又吸取了他以前的

法家学说，比较各国变法得失，提出"以法为主"，法、术、势结合的理论，集法家思想大成。韩非创立的法家学说，为结束诸侯割据，建立统一的中央集权的封建制国家，提供了理论依据。

韩非生活的时代，韩国国势日益削弱，韩非多次上书韩王变法图强，希望韩王励精图治，变法图强，不见用，乃发愤著书立说，根据历史上治国的经验教训和现实社会状况，写出了《五蠹》《孤愤》《内外储说》《说林》《说难》等十余万字的政论文，全面、系统地阐述了他的法治思想，抒发了忧愤孤直而不容于时的愤懑。秦王政慕其名，遗书韩王强邀其出使秦国，韩非的思想被秦始皇所重用。韩非曾上书劝秦始皇先伐赵缓伐韩，由此遭到李斯和姚贾的谗害，他们诋毁地说："韩非，韩之诸公子也。今王欲并诸侯，非终为韩不为秦，此人之情也。今王不用，久留而归之，此自遗患也，不如以过法诛之。"韩非被毒死于狱中。今存《韩非子》五十五篇。

3. 法家代表著作

（1）《商君书》

《商君书》也称《商子》，现存二十四篇，《商君书》不是一人或一时的著作，而是商鞅学派著作的汇编，成书时间在公

元前260年长平之战以后。到战国末年在社会上已很流行，韩非曾说："藏商管之法者家有之。"

《商君书》侧重记载了法家革新变法、重农重战、重刑少赏、排斥儒术等言论。《商君书》说："不法古，不修今，因世而为之治，度俗而为之法"。既反对

复古，又反对安于现状，主张积极地向前看，这在当时是有进步意义的。《商君书》提出的政治目标，是谋求国家的"治"、"富"、"强"、"王"。"王"就是完成统一，建立统一的王朝。达到这个最高政治目标的办法，一是加强法治，主张奖励告发"奸邪盗贼"，对轻罪用重刑，从而加强法治的效果，"王者刑用于将过（过错将要发生的时候），则大邪不生；赏施于告奸，则细过不失"。二是讲究耕战政策。商鞅把是否推行耕战提到决定国家兴亡和君主安危的高度，说："国之所以兴者，农战也"，"国待农战而安，主待农战而尊"。

（2）《韩非子》

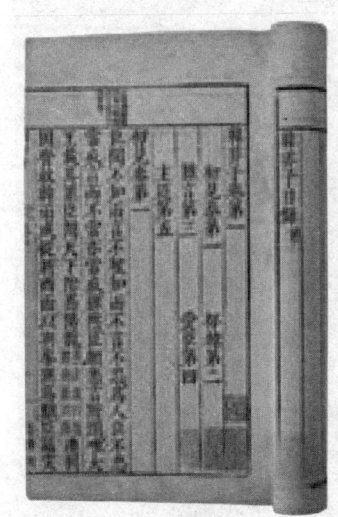

《韩非子》是先秦法家学说集大成者的著作，现存五十五篇，约十余万言，大部分为韩非所作。

《韩非子》一书，重点宣扬了韩非法、术、势相结合的法治理论。韩非子认为，历史是不断发展进步的，当代必然胜过古代，主张"不期修古，不法常可"，"世异则事异，事异则备变"，人们应该按照现实需要进行政治改革，不必遵循古代的传统。以此为理论前提，韩非提出了系统的法治理论，认为"明法者强，慢法者弱"，主张"以法为本"，要依法行事，做到"法不阿贵，绳不挠曲。法之所加，智者弗能辞，勇者弗敢争。刑过不避大臣，赏善不遗匹夫"。韩非认为，君主要利用权术驾驭大臣，君主必须有权有势，才能治理天下，"万乘之主，千乘之君，所以制天下而征诸侯者，以其威势也"。为此，要铲除"五蠹"：学者（儒家）、言谈者（纵横家）、带剑者（游侠）、患御者

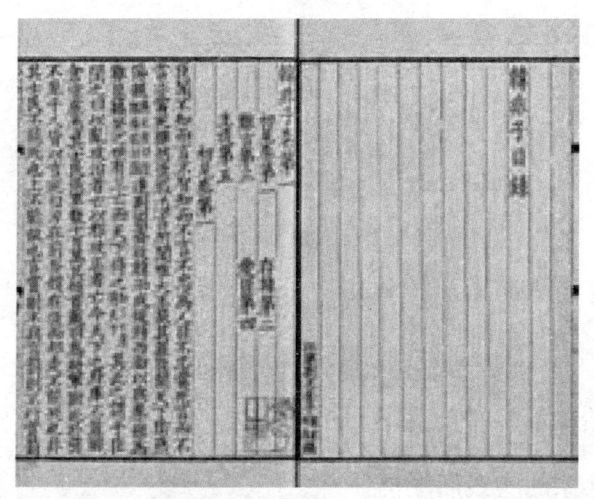

（指依附贵族并且逃避兵役的人）、商工之民。即韩非子认为"事在四方，要在中央；圣人执要，四方来效"，主张建立君主专制的中央集权的封建国家，国家大权集中在君主一人手里，迎合了建立大一统专制国家的历史发展趋势。

《韩非子》说理精密，文锋犀利，议论透辟。比如《难言》《说难》二篇，无微不至地揣摩所说者的心理，以及如何趋避投合，周密细致，无以复加。值得一提的是，《韩非子》书中记载了大量脍炙人口的寓言故事，如自相矛盾、守株待兔、讳疾忌医、滥竽充数、老马识途等，蕴含着深隽的哲理，耐人寻味，且具有较高的文学价值。

（五）兵家

1.兵家概述

兵家是先秦、汉初主要研究军事理论，从事军事活动的学派。"兵家"一词最早见于《孙子兵法·始计篇》："此兵家之胜，不可先传也"。兵家的实践活动与理论，影响当时及后世甚大，为我国古代宝贵的军事思想遗产，也是中国传统文化和军事宝库中光彩夺目的瑰宝，在中国军事哲学思想史上具有不可磨灭的影响。

春秋战国间，由于兼并战争规模的扩大和战争方式的改变，产生了专门指挥作战的将帅和军事家。许多军事家总结了战争的经验，并从事于军事理论的研究，著成论兵法的书，这在文化上也是一种重要的贡献。春秋晚期孙

武所著的《孙子兵法》，是我国现存最早的一部兵书，长期以来作为古代军事名著，在军事学术史上有着重要的地位。

兵家将政治、经济、军事、天文、地理、国际关系等各种客观因素作为决定胜负的条件，并把它们看成是相互关联的决策的整体，同时注重战争的主观指导，特别是计谋的使用，总结出"知彼知己，百战不殆；知天知地，胜乃可全"、"攻其无备、出其不意"、"兵贵胜、不贵久"、"兵贵其和，和则一心　"、"三军可夺气，将军可夺心"、"密察敌之机，而速乘其利，复疾击其不意"等作战思想和作战规律。

《汉书·艺文志·兵书略》著录汉以前兵家著作五十三家，七百九十篇，图四十三卷，将兵家著作分为四类：兵权谋类——侧重于军事思想、战略策略；兵形势类——专论用兵之形势；兵阴阳类——以阴阳五行论兵，且杂以鬼神助战之说；兵技巧类——以兵器和技巧为主要内容。兵家的鼻祖是孙武，兵家代表人物，春秋末有孙武、司马穰苴；战国有孙膑、吴起、尉缭、魏无忌、白起等；汉初有张良、韩信等。兵书在中国的发展源远流长，兵书产生于西周，成熟于春秋，今存兵家著作有《黄帝阴符经》《六韬》《三略》《孙子兵法》《司马法》《孙膑兵法》《吴子》《尉缭子》等，其中以孙武的《孙子兵法》影响最大，是兵家学说的重要著作。

2.兵家代表人物

（1）孙武

孙武，生卒年不详，字长卿，后人尊称其为孙子、孙武子、兵圣、百世兵家之师、东方兵学的鼻祖。曾以《兵法》十三篇见吴王阖闾，经伍子胥的推荐，得见吴王。据有关资料记载，为考察孙子的统兵能力，吴王挑选了100多名宫

孙武

女由孙子操练。这就是人们所传说的孙子"吴宫教战斩美姬"的故事。吴宫操练之后，吴王任命孙子为上将军，封为军师。从此，孙子与伍子胥共同辅佐吴王，安邦治国，发展军力。公元前506年冬，吴国以孙子、伍子胥为将，出兵伐楚。孙子采取"迂回奔袭、出奇制胜"的战法，溯淮河西上，从淮河平原越过大别山，长驱深入楚境千里，直奔汉水，在柏举（今湖北汉川北）重创楚军。接着孙子五战五捷，率兵6万打败楚国20万大军，攻入楚国郢都。楚国元气大伤，渐渐走向衰落，而吴国的声威则大振，北威齐晋，南服越人，显名诸侯，成为春秋五霸之一。所著《十三篇》是我国最早的兵法，被誉为"兵学圣典"，置于《武经七书》之首，被译为英文、法文、德文、日文，成为国际间最著名的兵学典范之书。

（2）孙膑

孙膑，齐国阿鄄人，孙武的后裔，大致与商鞅、孟轲同时。相传他少年时与庞涓同师于高人鬼谷子。后来庞涓在魏国当

了将军，因忌妒孙膑才能，将他骗到魏国，借故处以膑刑（去膝盖骨），并加以软禁。孙膑后来在齐国使臣帮助下秘密回到齐国，由于齐将田忌的推荐，被齐威王任为军师。他协助齐将田忌，设计大败魏军于桂陵、马陵，迫庞涓自杀，使齐国成为强国之一。

孙膑在作战中运用避实击虚、攻其必救的原则，创造了著名的"围魏救赵"战法，为古往今来兵家所效法。孙膑继承和发展了孙武的军事理论，把"道"看作战争客观规律，提出了以寡胜众、以弱胜强的战法，主张以进攻为主的战略，根据不同地形，创造有利的进攻形势，重视对城邑的进攻和对阵法的运用。著有《孙膑兵法》一书。

3.兵家代表著作

（1）《孙子兵法》

《孙子兵法》又称《孙武兵法》《吴孙子兵法》《孙子兵书》《孙武兵书》等，共十三篇，约六千字，内容博大精深，思想精邃富赡，逻辑缜密严谨，是中国史上最早的一部经典性的军事学著作，与《战争论》（克劳塞维茨）、《五轮书》（宫本武藏）并称为世界三大兵书。

《孙子兵法》中把"令民与上同意"的"道"作为决定战争胜败的首要因素，

要使民众与君上的意愿一致，能够为君上出生入死；提出"知彼知己，百战不殆"，注重了解情况，全面地分析敌我、众寡、强弱、虚实、攻守、进退等矛盾双方，并通过对战争客观规律的认识和掌握以克敌制胜。强调"致人而不致于人"，即要依靠主观努力取得战争的主动权，善于调动敌人而不被敌人所调动，从而利用有利态势，主动、灵活地打击敌人；主张"我专而敌分"，即要集中优势兵力，打击分散的敌人，"以十攻其一"，"以众击寡"，就能取得战争的胜利；还提出作战方式因敌情而变化，"兵无常势，水无常形，能因敌变化而取胜，谓之神"，强调了战略战术上的"奇正相生"和灵活运用。《孙子兵法》寓意精邃、论理精微，对中国古代军事学术的发展产生了巨大而深远的影响。

（2）《孙膑兵法》

《孙膑兵法》为孙膑所作，古称《齐孙子》，是中国古代的著名兵书，也是《孙子兵法》后兵家学派的又一力作。《汉书·艺文志》称"《齐孙子》八十九篇，图四卷"，把它与《吴孙子兵法》并列，但自《隋书·经籍志》始，便不见于历代著录，概大约在东汉末年便已失传。1972年2月，山东临沂银雀山一号汉墓出土了竹简本的《孙膑兵法》，这使失传已久的古书得以重见天日。

《孙膑兵法》总结了战国中期以前的大量战争实践，从基本理论到战术原则，都进一步继承和发展了《孙子兵法》。《孙膑兵法》在战争观、军队建设和作战指导诸方面都提出了若干有价值的观点和原则，特别强调"内得民心，外知敌情"是取得战争胜利的重要条件；把"道"看作战争客观规律，强调必须

遵循战争本身固有的客观规律去指导战争；提出了以寡胜众、以弱胜强的战法，主张以进攻为主的战略；在战略战术上贵"势"，即依据一定条件占据主动和优势；认为只有覆军杀将方为全胜，开创歼灭战的理论；提出对部队实施严格的政治教育、队列训练、行军训练、阵法训练、战法训练，成为先秦时期最完整系统的军队教育训练理论；对野战中车垒的运用、阵法的研究和将领的必备条件等均有阐述。这些都受到中外学者的赞赏和重视。

（六）名家

1.名家概述

名家是先秦以思维的形式、规律和名实关系为研究对象的学派，战国时称"刑名家"或"辩者"，西汉始称"名家"。作为一个思想流派而言的"名家"，它的思想与现代的汉语所说的"名家"是不同的。这个"名"不是出名的意思，而主要是指事物的名称、概念。名家主要活跃在先秦的春秋战国时期，以善于辩论，善于语言分析而著称于世，对中国古代逻辑思想的发展颇有贡献。

名家思想最早萌芽于春秋时期，名家创始人邓析首倡"刑名之论"，操"两可之说"，开名辩一代风气。名家兴盛于战国中期，以惠施和公孙龙为代表，他们以擅长概念分析而驰名天下。作为一个学派，名家并没有共同的主张，仅限于研究对象的相同，而各说差异很大。主要有"合同异"和"离坚白"两派，前者以惠施为代表，认为万物之"同"与"异"都是相对的，皆可"合"其"同"、"异"而一体视之。后者以公孙龙为代

表，认为一块石头，用眼只能感觉其"白"而不觉其"坚"，用手只能感觉其"坚"而不觉其"白"，故而"坚"和"白"是分离的、彼此孤立的。

《汉书·艺文志》中说："名家者流，盖出于礼官。古者名位不同，礼亦异数。孔子曰：'必也正名乎！名不正则言不顺，言不顺则事不成。'此其所长也。及警者为之，则苟钩鈲析乱而已。"事实上，名家应多出于辩者。名家代表人物是：邓析子、尹文子、公孙龙、成公生、惠子、黄公、毛公等，《汉书·艺文志》著录名家《邓析》二篇，《尹文子》一篇，《公孙龙了》十四篇，《成公生》五篇，《惠子》一篇，《黄公》四篇，《毛公》九篇。唯《公孙龙子》尚存残本，其他亡佚或伪作。

历来学者对名家多有讥讽之词，荀子曾以儒者的口吻苛责名家的理辩谓："好治怪说，玩琦辞，甚察而不惠，辩而无用，多事而寡功，不可以为治纲纪。"庄子则说名家"饰人之心，易人之意，能胜人之口，不能服人之心"。以概念本身的分析及思维结构作为学术研究对象的名家，活跃当时，曾先后与墨、儒、道、阴阳诸学派展开论辩，使百家争鸣更具有思辩意义，但对后世的影响远不及其他诸家。随着秦朝的统一，百家争鸣的局面结束了，名家学派也随着时代的变迁而销声匿迹。

2.邓析及其思想

邓析（公元前545年—公元前501年），河南新郑人，郑国大夫，春秋末期思想家，"名辨之学"倡始人。与子产同时，名家学派的先驱人物。汉刘向在《邓析书录》说他："操两可之说，

设无穷之辞",《吕

氏春秋·审应览·离

谓》中对他介绍说：

"子产治郑，邓析务难之。与民

之有狱者约，大狱一衣，小狱襦绔。

民之献衣，褚绔而学讼者，不可胜

数。以非为是，以是为非，是非无度，而可

与不可日变。"

邓析第一个提出反对"礼治"思想，

其思想倾向是"不法先王，不是礼义"。

邓析反对"刑书"，私造"竹刑"，邓析

"务难"子产之政，故意与子产的政策

主张对着干，他不满子产所铸刑书，私自

编了一部适应新兴地主阶级要求的成文

法，把它写在竹简上，叫做"竹刑"，从而

挑起了郑国的"刑名之辩"。传说，他聚

众讲学，私家传授法律，"学讼者，不可

胜数"，致使"郑国大乱，民口欢哗。"

《吕氏春秋·离渭》对邓析"两可之

说"做了记载："洧水甚大，郑之富人有溺

者。人得其死者，富人请赎之，其人求金甚多。以告邓析。邓析曰：'安之，人必莫之卖矣。'得死者患之，以告邓析。邓析又答之曰：'安之，此必无所更买矣。'"

对于赎尸交易的双方——富人和得尸者，邓析的回答都是"安之"（不必着急），同样是"急"，富人与得尸者理由不同；同样是"不急"，富人与得尸者原因各异。这说明邓析已经看到了事物的相对性和矛盾性，区分了事物的实际矛盾和思维矛盾。

3.惠施及其思想

惠施（约公元前370年—公元前310年），宋人，战国后期人，政治家、辩客，是名家的代表人物。《庄子·天下》篇称"惠施多方，其书五车。"又曰："惠施不辞而应，不虑而对，遍为万物说，说而不休，多而无已，犹以为寡，益之以怪。"惠施为战国时代名辩思潮中的思想巨子，与公孙龙共同将名辩学说推向顶峰。

惠施在魏惠王时为相15年，主张联合齐、楚，曾促成魏、齐二君"徐州相王"，即互相尊对方为王，开战国时代诸侯称王的局面。魏惠王对惠施十分尊宠，甚至想传以王位，他坚决拒绝。惠施主张"偃兵"、"去尊"等学说，倡"合纵"政策对付秦国。后来失宠离开魏国，前往楚国。楚畏秦，不见用，惠施被送往宋国。从此他得以与庄子交游，二人成为观点不同、经常辩难但却是心心相印的好朋友。庄子认为惠施"弱于德，强于物"，"散于万物而不厌"，"逐万物而不返"，即不像儒、墨那样重视政治、伦礼、道德，而是重点研究"物之理"。

惠施的"历物十事"即多穷"物之理"，见之于《庄子·天下》篇："历物之

意曰：至大无外，谓之大一；至小无内，谓之小一。无厚不可积也，其大千里。天与地卑，山与泽平。日方中方睨，物方生方死。大同而与小同异，此之谓小同异；万物毕同毕异，此之谓大同异。南方无穷而有穷。今日适越而昔来。连环可解也。我知天下之中央，燕之北、越之南是也。泛爱万物，天地一体也。"惠施的十个命题，主要是对自然界的分析，其中有些含有辩证的因素。如"大一"是说整个空间大到无所不包，不再有外部；"小一"是说物质最小的单位，小到不可再分割，不再有内部。万物既然都由微小的物质粒子构成，同样基于"小一"，所以说"万物毕同"；但是由"小一"构成的万物形态千变万化，在"大一"中所处的位置各不相同，因此又可以说"万物毕异"。

4.公孙龙及其思想

公孙龙（约公元前325年—公元前250年），赵国人。生平事迹不详。传说公孙龙游说各国，与人论辩，经常获胜，而庄子评论说："能胜人之口，不能服人之心。"公孙龙著有《公孙龙子》一书，原有十四篇，现存六篇。其中《迹府》一篇是后人汇集公孙龙生平言行写成的传略。其余五篇是：《白马论》《指物论》《通变论》《坚白论》《名实论》。其中《坚白论》《白马论》最著名。《坚白论》主张"离坚白"，认为没有白色的坚石，而只有"白石"与"坚石"，"坚与白均离于石，不可并存于石"。《白马论》则做了

"白马不是马"的论证，主要从概念分析和概念外延两个角度来认证的。从概念分析的角度来讲，"马"这个概念是指事物的形体，而"白"这个概念是指事物的颜色。"形体"和"颜色"是

两种不同的东西,"白马"即指形体又指颜色,而"马"仅仅指"形体"。因此"白马非马"。而"马"与"白马"在外延上也有差别,如果我们要找匹"马"骑骑,那么"黄马"、"黑马"都是我们要找的马。而如果我们要找匹"白马"骑,那么"黄马"、"黑马"就都不是我们要找的马。因此,如果"白马是马",那么无论我们是要找"马"骑,还是要找"白马"骑,那就应该"黄马"、"黑马"都可以了,但事实上并非如此,所以假设不成立,也就证明了"白马非马"。

(七)阴阳家

1.阴阳家概述

阴阳家又称"阴阳五行家"或"五行家",因提倡阴阳五行学说,并用它解释社会人事而得名。战国时，阴阳五行学说盛极一时，西汉史家司马谈《论六家要旨》列阴阳家为六大学派之首。阴阳家当源于上古执掌天文历数的官员，《汉书·艺文志》云："阴阳家者流，盖出于羲和之官，敬顺昊天，历象日月星辰，敬授民时，此其所长也。"

阴阳是古人对宇宙万物两种相反相成的性质的一种抽象，也是宇宙对立统一及思维法则的哲学范畴。五行学说认为万物皆由木、火、土、金、水五种原素组成，其间有相生和相胜两大定律，可用以说明宇宙万物的起源和变化。邹衍综合二者，根据五行相生相胜说，创"五德终始说"，认为历史朝代的嬗变遵守五行相生相胜之道，以此论证了周室必将被新王朝所替代，为新兴的大一统王朝的建立提供理论根据。阴阳家还强调"因阴阳之大顺"，包含若干天文、历法、气象和地理学的知识，有一定的科学价值。司马迁称邹衍"称引天地剖判以来，五德转移，治各有宜，而符应若兹"（《史记·孟子荀卿列传》）。

阴阳家代表人物有公梼生、公孙发、南公等人，但以邹衍最为著名。《汉书·艺文志》载：阴阳二十一家，三百六十九篇，《公梼生终始》十四篇，《公孙发》二十二篇，《邹子》四十九篇，《邹子终始》五十六篇，《乘丘子》五篇，《杜文公》五篇，《黄帝泰素》二十篇，等等，但现存少量残文外，均已亡佚。

作为理论学派，汉武帝尊儒后，阴阳家部分内容融入儒家思想体系、部分内容为原始道教所吸收，多衍为方士方术，作为独立学派的阴阳家消失。

2.阴阳五行学说

"阴阳"的概念，最早见于《易经》，"五行"的概念最早见于《尚书》，但两种观念的产生，可以追溯到更久远的年代。

阴阳本指事物相互对立的两个方面，如《系辞》有"一阴一阳之谓道"的提法，《道德经》中说："万物负阴而抱阳"，《庄子》则有"阴阳，气之大者也"之说。而《易经》的基本思路就是：阴阳交感而生宇宙万物，宇宙万物是阴阳的对立统一。阴阳家则把事物变化神秘化为阴阳矛盾的作用，即所谓"深观阴阳消息，而作怪迂之变"。

古人认为，宇宙万物就是由这五种基本物质构成的。《尚书·洪范》托名箕子对武王的话解说五行："五行：一曰水，二曰火，三曰木，四曰金，五曰土。"即具有生发，柔和特性者统属于木；具有阳热，上炎特性者统属于火；具有长养，发育特性者统属于土；具有清静，收杀特性者统属于金；具有寒冷，滋润，就

下，闭藏特性者统属于水。五行相生相胜，即"木生火、火生土、土生金、金生水、水生木"和"水胜火、火胜金、金胜木、木胜土、土胜水"。五行学说以天人相应为指导思想，以五行为中心，以空间结构的五方，时间结构的五季，人体结构的五脏为基本间架，将自然界的各种事物，按其属性进行归纳，形成了联系人体内外环境的五行结构系统，用以说明人体及人与自然环境的统一性。

3.邹衍及其思想

邹衍（约公元前305年—公元前240年），亦作驺衍，战国末期齐国人。邹衍是稷下学宫有名的学者，他知识丰富，"尽言天事"，时称"谈天衍"。司马迁在《史记》中把他列于稷下诸子之首，称"驺衍之术，迂大而宏辨"。邹衍曾活动于齐、赵、魏、燕各诸侯国，颇受当权者的礼遇，特别在燕国，燕王为他筑碣石宫，以师礼待之。邹衍一生著述甚丰，《汉书·艺文志》阴阳家著录《邹子》四十九篇，《邹子终始》五十六篇，惜皆已散佚。

邹衍把阴阳五行说运用于社会发展中，创"五德始终说"，认为整个物质世界是由金、木、水、火、土构成的，历史的发展按照五行相克和五行相生的顺序而循环。每一朝代受五行之一支配，一个朝代的帝王将兴，天必将预先显示支配该朝代兴盛的兆头。朝代的更替是五行之德相胜转移的结果，并且按照一定的次序，前德胜后德，而不是相反的。而这种次序是：水胜火、火胜金、金胜木、木胜土、土胜水。五德循环往复，相代而兴，历史也就如此推演下去。"五德终始"学说，以宗教迷信的神秘色彩宣扬皇权神授，迎合了战国各国君主争相统一中国的

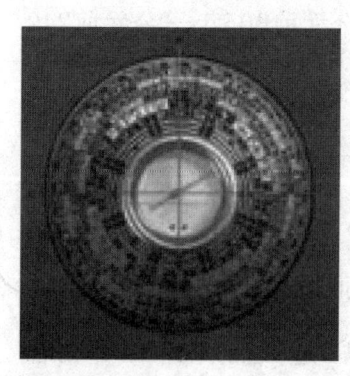

欲望。《史记·封禅书》载："邹子之徒，论著终始五德之运，及秦帝，而齐人奏之，故始皇采用之。"《史记·秦始皇本纪》载："始皇推终始五德之传，以为周得火德，秦代周德，从所不胜。方今水德之始，改年始，朝贺皆自十月朔。衣服旄旌节旗皆上黑。数以六为纪，符、法冠皆六寸，而舆六尺，六尺为步，乘六马。更名河曰德水，以为水德之始。"这是依五行的配列，规定政令、服色、符法、冠舆等制度，这是五行学说影响政治的具体表现。

在对宇宙的空间认识方面，邹衍创立了"大九州"说。邹衍认为，儒家所称的中国，只占天下的八十一分之一。中国称赤县神州，赤县神州内有九州，就是《禹贡》中所说的九州。而中国之外如同赤县神州的还有八个州，就是大九州，各有裨海环绕，每州内又各有九州，语言风俗皆不相通。邹衍仅凭臆测推想立说，如

《史记·孟子荀卿列传》所说："必先验小物，推而大之，至于无垠。"这种对世界地理的推论性假说，在当时及后世有扩大人们地理视野的意义。

邹衍学说与儒家有密切的关系。司马迁说他"深观阴阳消息，而作怪迂之变，……然要其归，必止乎仁义节俭，君臣上下六亲之施，始也滥耳。"这些是符合儒家宗旨的。邹衍的学说，对后世"天人合一""天人感应"的天命论，影响深远。到两汉，其学说演变为谶纬之学，专讲五行灾异，图谶符瑞，成为统治者争权夺利，欺骗人民的工具，并为中国两千多年来迷信的渊薮。

（八）纵横家

1.纵横家概述

纵横家，指春秋战国时期从事合纵或连横外交运动的政治家、外交家及军事家。古代，纵横最初只是表方向的概念，南北向称为"纵"，东西向称为"横"。到战国时期，演变成政治概念，"纵"指"合纵"，即合众弱以攻一强，指战国时齐、楚、燕、韩、赵、魏等六国联合抗秦的外交策略。"横"指"连横"，即一强连一弱以破获众弱，指以上六国分别与秦国结盟的外交策略。

纵横家的宗师是鬼谷子，其他著名的纵横家有公孙衍、苏秦、张仪、陈轸、楼缓、乐毅、郭隗、邹忌、毛遂、虞卿、甘茂、范雎等人，事皆详于《战国策》。《汉书·艺文志》载，纵横家曾有著作"十二家，百七篇"，今皆已亡佚。纵横家文献今存《鬼谷子》十二篇、《战国策》三十三篇，前者多讲揣摩、捭阖之术，疑为后人假托的伪书；后者则是纵横家谋士的策谋和言论汇编，并非系统反映

纵横家思想特征的理论著作。

《汉书·艺文志·诸子略》云："纵横家者流，盖出于行人之官。"从渊源上来说，纵横家还可追溯到周初之"行人"，即代表天子出使诸侯国的特使。春秋时行人多由贵族阶层的卿大夫所担任，或成为固定职务。但战国之纵横家，其中多是并无贵族身份和世袭官爵的人，而是来源于极为活跃的游士阶层，他们只是凭着自己的言谈，凭自己所讲政治主张、策略取得人主的信用，而被委以重任，如苏秦、张仪、公孙衍等皆如此。

纵横家论行结交，择主而从，以口舌为武器进行外交对抗，并不争于儒、道、墨、法的思想观点之间，而是着重探究把握人心的方法，探究论说的技巧，总结研究游说中如何能达到预期的效果。在当时诸侯割据，王权岌岌可危的时代，他们洞悉游说的关键，扬长避短，对"症"下"说"，采用分化、利用、联合等手段，以达到不战而胜，或以较少的损失获得最大的收益的目的。

在诸子百家中，纵横家可以说是最积极入世的一家。他们极富进取精神，从产生之初就积极干预社会政治生活，参与百家争鸣，活跃于战国舞台，其思想和活动对当时的政治、军事局势产生了重要的影响。汉代刘向在《战国策书录》说："是以苏秦、张仪、公孙衍、陈轸、苏代、苏厉之属，生纵横长短之说，左右倾倒。苏秦为从，张仪为横。横则秦帝，从则楚王，所在国重，所去国轻。"此评可谓中肯。从文化史的角度来看，纵横家的外交政治思想影响深远，直到今天，国人往往用"折冲樽俎"这个成语作为"外交政治"的代词。

2.纵横家代表人物

（1）鬼谷子

鬼谷子，生卒年不详，姓王名诩，战国时代卫国（今河南鹤壁市淇县）人。常

入山采药修道，因隐居鬼谷，故自号鬼谷先生。鬼谷子长于持身养性和纵横术、精通兵法、武术、奇门八卦，为纵横家之鼻祖，杰出军事家，游说理论的奠基者和传播者。而在中国民间传说中，鬼谷子被描绘成能撒豆成兵、呼风唤雨、预知吉凶、妙手回春的神仙。

史载鬼谷子曾任楚国宰相，后归隐卫国授徒，苏秦、张仪、孙膑、庞涓为其弟子。鬼谷子既有政治家的六韬三略，又擅长于谋略家的纵横之术，既有仙家的神秘，隐者的逸气，又有学者的理智，智者的辩术，更兼有阴阳家的祖宗衣钵，预言家的江湖神算，所以世人称鬼谷子是一位奇才、全才。鬼谷子系统总结了战国时代游说之士从事纵横外交、出谋划策的理论、策略和方法，集纵横术（即外交游说学说）之大成，编著写成《鬼谷子》一书，又称《捭阖策》，成为纵横家经典著作。经由苏秦、张仪等用之实践，建功立业，终使鬼谷子纵横学说名显当世。

（2）张仪

张仪（？—公元前310年），战国时著名的纵横家。张仪为魏人，曾随鬼谷子学习纵横之术，于魏惠王时入秦。秦惠文君以为客卿。惠文君十年（公元前328年），秦使张仪、公子华伐魏，魏割上郡（今陕西东部）于秦。当年，张仪为秦相，成为秦国置相后的第一任相国。张仪拜相后，积极为秦国谋划，采用连横术迫使韩、魏太子来秦朝拜，游说魏惠王，不用一兵一卒，使得魏国把上郡15县献给秦国。惠文君于十三年称王，并改次年为更元元年。

更元二年，张仪与齐、楚、魏之执政大臣在啮桑相会，随即免相。次年，张仪相于魏，更元八年，又相于秦。十二年，张仪相于楚，诳诈楚怀王，使之与齐绝交，成功后又归秦。十四年，张仪前往楚、韩、齐、赵、燕等国进行游说，使得五国连横事秦。同一年，张仪因功封得五邑，封号为武信君。惠文王卒武王立，武王素与张仪有隙，张仪于武王元年（魏襄王九年，公元前 310 年）离秦去魏。据《竹书纪年》载，张仪于此年五月卒于魏。

(3) 苏秦

苏秦（约公元前337年—公元前284年），字季子，东周洛阳（今洛阳东郊太平庄一带）人，是与张仪齐名的纵横家。在当时，有"天下之大，万民之众，王侯之盛，谋臣之权，皆欲决于苏秦之策"的境况。

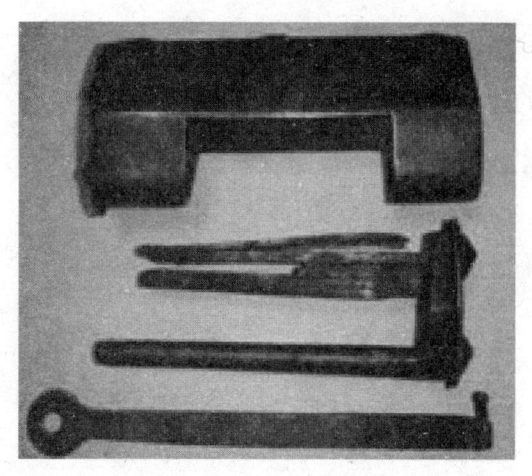

苏秦出身农家,素有大志,曾随鬼谷子学习纵横捭阖之术。学成后游说各国,初至秦说惠王,不用。乃结合六国军事政治实力及地理形势,论证六国抗秦的必要性和可能性,策划了六国联合抗秦的"合纵"之计,他先后至燕、赵、韩、魏、齐、楚,游说六国合纵御秦。半年后,苏秦的游说取得了巨大的成功,六国国君在洹水盟会,公推他为"纵约长",他一人身佩六国相印。后苏秦归居于赵,被赵封为武安君。其后秦使人诳齐、魏伐赵,六国不能合作,合纵瓦解。苏秦入燕转入齐,为齐客卿。与齐大夫争宠,被人杀死。一说他自燕入齐从事反间活动,使燕得以破齐,后反间活动暴露,被齐车裂而死。《汉书·艺文志》著录《苏子》三十一篇,今佚。

3. 纵横家代表著作:《鬼谷子》

　　《鬼谷子》是对纵横家游说经验的总结和提炼。《鬼谷子》的版本，常见者有道藏本及嘉庆十年江都秦氏刊本。现存《鬼谷子》分为上中下三卷，上卷含《捭阖》、《反应》、《内键》、《抵巇》四篇；中卷含《飞钳》《忤合》《揣篇》《摩篇》《权篇》《谋篇》《决篇》《符言》八篇，另有《转丸》《胠乱》二篇，亡佚已久上中卷共；下卷（又称"外篇"）包括《本经阴符》七篇：《盛神》《养志》《实意》《分威》《散势》《转圆》《损兑》，另有《持枢》《中经》，共九篇。《鬼谷子》一书立论高深幽玄，除饱含谋略机智、论辩技巧之外，还包含有丰富的人生哲学、治国治军之道、修身养性等思想内容，在思想领域独树一帜，堪称一部旷世奇书。

　　《鬼谷子》一书，为纵横家提供了一套理论和方法，系统总结了游说之术。该书以阴阳学说为其

哲学基础，吸收了道家的"道"、"无为"、"反"等观念，进行了大胆的改造。鬼谷子虽然也提倡"无为"，但抛弃了老子"绝圣弃智"之说的无为成分，把道家的"贵柔"原则逐步改造成具有功利主义色彩的"主阴"的原则，即在隐秘之中，强调人为、强调主动、强调"有为"和进取。鬼谷子崇尚权谋，主张君臣上下之间相互都可以运用权术，主张可以择主而事，甚至主张下级可以取代君主。此外，《鬼谷子》涉及到大量的谋略问题，与军事问题触类旁通，也被称为兵书。《鬼谷子》兼取百家而为我所用，不从抽象原则出发，也不把任何一种理论当成至高无上的教条，从而体现出一种彻底的现实主义态度。

（九）农家

1.农家概述

农家是先秦诸子百家中注重农业生产的学派，农家学派认为农业是衣食之本，应放在一切工作的首位。他们主张推行耕战政策，鼓励发展农业生产，研究农业生产问题，对农业生产技术和经验也注意记录和总结。农家出自上古管理农业生产的官吏。《汉书·艺文志》中说："农家者流，盖出于农稷之官。播百谷，劝耕桑，以足衣食，故八政一曰食，二曰货。孔子曰'所重民食'，此其所长也。及鄙者为之，以为无所事圣王，欲使君臣并耕，誖上下之序"。

史传农家著作有《神农》二十篇，《野老》十七篇，《宰氏》十七篇，《董安

国》十六篇,《尹都尉》十四篇,《赵氏》五篇等等,均已佚。农家没有一部完整的著作保存下来,其思想和活动散见在《管子·地员》《吕氏春秋》《荀子》《孟子》等著述中。农家历史资料虽少,但事实上,中国历史上各个朝代无不重农抑商,以农立国,无疑契合了农家的主张和思想。

2.农家代表人物:许行

许行,楚国人,无著作留传,生平事迹可见于《孟子》。生卒年不可考,约与孟子同时代。当时随行学生几十人,"皆衣褐,捆屦织席以为食",比起儒家、墨家来只是个小学派,但颇有影响,儒家门徒陈相、陈辛兄弟二人弃儒学农,投入许行门下。

许行"为神农之言",提出贤者应"与民并耕而食,饔飧而治",反对统治者"厉民

而以自养"，表现了农家的社会政治理想。许行还提出"市价不二，国中无伪"的价格论，也就是说主张"同等商品卖同等价格"，不允许价格自发波动，不允许商业欺诈，要求做到即使小孩到市上也"莫之或欺"。他还主张"物物等量"，在《孟子·滕文公上》中说："布帛长短同，则贸相若；麻缕丝絮轻重同，则贾相若；五谷多寡同，则贾相若；屦大小同，则贾相若。"大致意思是说："种类、尺码、重

量相同的商品售价必须相同。"这个贸易原则没有考虑到商品质量的差别和价格的关系，当然是行不通的。总的来说，许行主张人人平等劳动，自食其力。生产以农业为主，农副业结合，但又存在农业和手工业之间的某些分工，并有农产品与手工业产品之间的商品交换。

3.农家的思想

战国时期，自耕小农的普遍存在，小农经济成为当时各国的立国基础，诸子无不重视农业。《孟子·梁惠王》认为仁的具体表现就是重视农业生产："五亩之宅，树之以桑，五十者可以衣帛矣。鸡豚狗彘之畜，无失其时，七十者可以食肉矣；百亩之田，勿夺其时，数口之家可以无饥矣"。墨家指出农业生产既可以提供人民衣食，又可以充足国家财用，因此"食不可不务也，地不可不力也,用不可不节也"。战国初期法家李悝在魏国变法,为了富国强兵,实行"尽地力之教",而商鞅变法,就明确以"耕织"为"本业"而以手工业商业为"末利",并采取政策措施来奖励"本业"而抑制"末利"。战国末年的农家,和法家同样反对"民舍本而事末",认为人民务农不仅是为了"地利",还可以"贵其志"。他们着重指出人民务农对地主政权有三点好处:一是"朴则易用",就是朴实而易于使用,可以依靠他们守战;二是"重则少私义",就是稳重而少发表私见,便于使他们守法而努力生产;三是"其产复则重徙",就是财产累赘而难于迁移,可以使他们死守一处而没有二心(《吕氏春秋·上农篇》)。

　　农家之学重视农业生产技术。农家注意到土性的分辨、土壤的改造和保养,主张先分辨土性,挑选适宜种植在某种土壤里的农作物来播种,从而适当地改

造土壤："力者欲柔，柔者欲力；息者欲
劳，劳者欲息；棘者欲肥，肥者欲棘；急
者欲缓，缓者欲急；湿者欲燥，燥者欲
湿。"（《吕氏春秋·任地篇》）农家强调
耕作必须及时，专门分析了六种主要农作
物——禾（稷）、黍、稻、麻、菽（豆）、麦
耕作"得时"、"先时"、"后时"三种情
况，从其生长、收获、品味三个方面加以
比较，用来说明掌握耕作时节的重要性。
农家还开始把农业科学知识系统化和理
论化。他们说："上田弃亩，下田弃甽。五
耕五耨，必审以尽。其深殖之度，阴土必
得，大草不生，又无螟蜮。"创造了畎种
法，重视深耕，认识到通过深耕可以收到
消灭杂草和病虫害的效果。

（十）杂家

1.杂家概述

杂家是中国战国末至汉初的哲学学派，以博采各家之说见长，以"兼儒墨，合名法"、"于百家之道无不贯通"而得名。《汉书·艺文志》将其列为"九流"之一。杂家以秦相吕不韦和汉淮南王刘安为代表，而著作以其招集门客所集《吕氏春秋》《淮南子》为代表，对诸子百家兼收并蓄，略显庞杂。

《汉书·艺文志》上说："杂家者流，盖出于议官。兼儒、墨，合名、法，知国体之有此，见王治之无不贯，此其所长也。及荡者为之，则漫羡而无所归心。"到战国末期，统一已成为大势所趋，学术文化也呈融合的趋势，把各派思想融合为一的杂家就产生了。可以说，杂家的出现，既是统一的封建国家建立过程中思想文

化融合的结果，又是诸子百家的相互影响与趋向融合的结果。

《淮南子·氾论训》说："百川异源，而皆归于海；百家殊业，而皆务于治。"杂家虽只是集合众说，兼收并蓄，然而通过采集各家言论，贯彻其政治意图和学术主张，所以也可称为一家。据《汉书·艺文志》著录杂家言二十家四百三篇，有《盘盂》二十六篇、《大禹》三十七篇、《五子胥》八篇、《子晚子》三十五篇、《由余》三篇、《尉缭》二十九篇、《尸子》二十篇、《吕氏春秋》二十六篇、《淮南内》二十一篇、《淮南外》三十三篇，等等。但绝大部分已散失，现在仅存《吕氏春秋》《淮南子》《尸子》（原书已失，今存仅为后人辑本）三书。

2.杂家代表人物

（1）吕不韦

吕不韦（？—公元前235年），卫国濮阳（今河南濮阳滑县）人，战国末年著名

商人、政治家、思想家，后为秦国大臣。吕不韦是阳翟（今河南省禹州市）的大商人，故里在城南大吕街，他往来各地，以"贩贱卖贵"而"家累千金"。他以"奇货可居"闻名于世，在赵都邯郸见入质于赵的秦公子嬴异人，决定帮助嬴异人返回秦国，又将赵姬送给嬴异人，生下一子嬴政，并资助嬴异人千金，助其返秦。又以五百金购珍宝，献与秦太子安国君宠姬华阳夫人，华阳夫人遂劝安国君立异人为嗣，改名子楚。公元前251年，秦昭襄王嬴稷薨，安国君继位，为秦孝文王，立一年而卒，储君嬴子楚继位，即秦庄襄王，任吕不韦为丞相，封为文信侯，食河南洛阳10万户。庄襄王卒，年幼的太子政立为王，尊吕不韦为相国，号称"仲父"。吕不韦当权之后，继续进行兼并六国的战争，取得了不少三晋土地，建立了三川郡、太原郡和东郡，对秦王政兼并六国的事业有重大贡献。吕不韦生前"招致天下游士"，有食客三千人，使其门客个个著其所闻，综合百家九流之说，畅论天地万物古今之事，最后汇编成书，名曰《吕氏春秋》。后吕不韦因叛乱事受牵连，被免除相国职务，出居河南封地。不久，秦王政复命其举家迁蜀，吕不韦不能自安，饮鸩自杀。

（2）刘安

刘安（公元前179年—公元前122年），汉高祖刘邦之孙，淮南厉王刘长之子，西汉思想家、文学家。文帝八年（公元前172年），刘长

被废王位，在旅途中绝食而死。文帝十六年（公元前164年），文帝把原来的淮南国一分为三封给刘安兄弟三人，刘安以长子身份袭封为淮南王，时年十六岁。刘安爱贤若渴，礼贤下士，淮南国都寿春成了文人荟萃的文化中心，"招致宾客方术之士数千人"，集体编写了《淮南子》一书。刘安才思敏捷，好读书，善文辞，乐于鼓琴，汉武帝非常欣赏刘安的才情，曾专门召他来长安撰写《离骚传》。

刘安尤其热衷于道家黄老之术，曾召集道士、儒士、郎中以及江湖方术之士炼丹制药，最著名的有苏非、李尚、田由、雷被、伍被、晋昌、毛被、左吴，号称"八公"，在寿春北山筑炉炼丹，偶成豆腐。刘安因之被尊为豆腐鼻祖，八公山也因此而得名。在政治上，刘安不推行"罢黜百家、独尊儒术"的统治思想，主张"无为而治"，制定了一系列轻刑薄赋、鼓励生产的政策，善用人才，体恤百姓，使淮南国出现了国泰民安的景象。刘安在广置门客进行学术研讨的同时，也在不断地积蓄力量，为有朝一日的谋反做着准备，后其谋反之事被门客雷被状告，以及门客伍被、孙子刘建的告密，汉武帝元狩年（公元前122年），武帝以刘安"阴结宾客，拊循百姓，为叛逆事"等罪名派兵入淮南，从刘安家中搜出了准备用于谋反的攻战器械，和用来行诈而伪造的玉玺金印，刘安被迫自杀。

3.杂家代表著作

（1）《吕氏春秋》

《吕氏春秋》又称《吕览》，是战国末期秦相吕不韦集合门客所编写的杂家著作，书中尊崇道家，肯定老子顺应

客观规律的思想，同时，融合儒、墨、法、兵众家长处，形成了包括政治、经济、哲学、道德、军事各方面的理论体系。《史记·十二诸侯年表》说："吕不韦者，秦庄襄王相，亦上观尚古，删拾《春秋》，集六国时事，以为八览、六论、十二纪，为《吕氏春秋》"。今存本《吕氏春秋》的目次为：十二纪、八览、六论，共二十六篇，每篇各有子目，合计子目一共百六十篇。吕不韦以为此书备天地万物古今之事，号曰《吕氏春秋》，编成以后，吕不韦将它公布于国都咸阳城门，声称有能增损一字

者，赏给千金，以示此书之重。

《吕氏春秋》以黄老思想为中心，"兼儒墨，合名法"，提倡在君主集权下实行无为而治，顺其自然，无为而无不为。《吕氏春秋》确是"兼""合"诸子百家各派学说编集而成的一部著作。《不二》说："夫齐万不同，愚智工拙皆尽力竭能，如出乎一穴。"《用众》说："物固莫不有长，莫不有短，人亦然。故善学者，假人之长以补其短。"《吕氏春秋》在政治思想上因袭儒家，反对家天下，讴歌禅让。《执一》说："为国之本在于为

身。身为而家为，家为而国为，国为而天下为。故曰：以身为家，以家为国，以国为天下。"而其主张统一，又出于法家思想，《执一》说："军必有将，所以一之也；国必有君，所以一之也；天下必有天子，所以一之也；天子必执一，所以专之也。一则治，两则乱。"《吕氏春秋》对于阴阳家的《月令》很重视，把"月令"作为十二纪的架构。《吕氏春秋》还较倚重于道家。《吕氏春秋·序意》"法天地"的思想，"天曰顺，顺维生；地曰固，固维宁；人曰信，信维圣；三者咸当，无为而行"的思想，以及"行其数，循其理，平其私"，以达到崇"公"的思想，都是黄老道德思想。可以说《吕氏春秋》汇集了先秦各派学说，为当时秦国统一天下、治理国家提供了思想理论。

此外，《吕氏春秋》还保

存了很多的旧说传闻，在理论上和史料上都有很高的参考价值，特别是保存了不少有关农业技术的记载，是宝贵的文献。

（2）《淮南子》

《淮南子》又称《淮南鸿烈》，是淮南王刘安及其门客苏非、李尚等编著的杂家著作。《汉书·艺文志》记载其分内二十一篇，外三十三篇，内篇论道，外篇杂说。现今所存的有二十一篇，大概都是原说的内篇所遗。全书以道家思想为主轴，内容包罗万象，涉及到政治学、哲

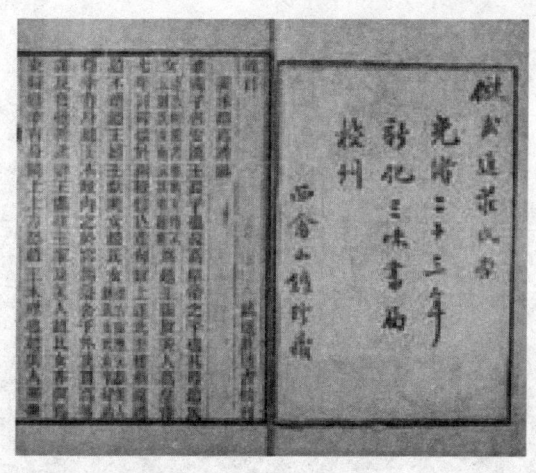

学、伦理学、史学、文学、经
济学、物理、化学、天文、地
理、农业水利、医学养生等
多个领域，包罗万象。

《淮南子》吸取了《老
子》《庄子》，特别是《黄老
帛书》的思想，糅和儒、法、
阴阳等多家思想。《淮南
子》汲取道家思想营养的比
重较大。《天文训》说："道
始于虚霩"、"道始于一，一
而不生，故分而阴阳，阴阳
合和而万物生，故曰：一生二，二生三，
三生万物"，对"道"、"天人"、"形神"
等问题提出了独特见解。《淮南子》继承
并发挥了先秦儒家"仁者爱人"、以民为
本的思想，提出"国之所以存者，仁义是
也"；"治国有常，而利民为本。"《淮南
子》还提出社会生活是变迁的，法令制度
也应当随时代变迁而更改，即令是"先王

之制，不宜则废之"这显然是先秦法家的观点。《淮南子》在论述明理时，还旁涉奇物异类、鬼神灵怪，保存了如"女娲补天"、"后羿射日"、"共工怒触不周山"、"精卫填海"、"嫦娥奔月"、"大禹治水"等古代神话。

四、百家争鸣的影响

百家争鸣虽然处于战乱频仍、兵荒马乱的时代，但正是这个时代造就了中国历史上影响最为深远的思想和学术派别。著名史学家吕思勉说："先秦诸子之学，非至晚周之世，乃突焉兴起者也。其在前此，旁薄郁积，蓄之者既已久矣。至此又遭遇时势，乃如水焉，众派争流；如卉焉，奇花怒放耳。积之久，泄之烈者，其力必伟，而影响于人必深。"（《先秦学术概论》）春秋战国时期的百家争鸣，在我国思想史上占有崇高的地位，它上承夏、商、周三代学术，下开秦、汉、六朝、隋、唐、宋、元、明、清等两千多年的思想先河，形成了中国的传统文化体系，奠定了中国后世两千多年精神文明的基础，对中国文化甚至东方文化有着非常深刻的影响。儒家、墨家、道家、法家、纵横家、阴阳家、兵家、农家等学派的思想，思想

内容极为丰富，已包含着以后各个历史时期各种文化思想的胚胎和萌芽，无一不对后代产生着影响。

作为中国历史上第一座文化高峰，百家争鸣时期的思想为后续中国提供了政治的、经济的、法律的、权谋的、军事的、技艺的思想范式、制度模式，对后世中国人的心理、观念、习惯、行为方式产生了巨大影响，塑造了中华民族的文化

与品格。儒家思想孕育了我国传统文化中的政治理想和道德准则，成为在中国具有普遍和长久影响力的学说。后来到了汉武帝，采取"罢黜百家、独尊儒术"的政策，使儒家思想成为正统，影响了中国两千多年。其后，儒家学说又不断被改造，出现了宋明理学、陆王心学、乾嘉朴学等，这些都对中国人的心理、观念、习惯、行为方式产生了较大影响。道家学说构成了两千多年传统思想的哲学基础，对后世中国人的处世之道和养生之道的影响更是不可估量。墨家的"兼爱"思想，要求人们平等互爱，也互相援助；"尚贤"思想，重视人才选拔；"节俭"思想，至今仍有借鉴意义。兵家以其实用性为历代兵家推崇，影响了中国两千五百

多年，所揭示的许多带有规律性的原则，诸如"知彼知己，百战不殆""知天知地，胜乃可全"，"居安思危"，"有备无患"，"先计后战"，"远交近攻"，"攻其无备、出其不意"，"避实击虚"，"以众击寡"，"兵贵胜、不贵久"，"兵贵神速"，等等，是至今仍必须遵守的。法家主张积极进取、锐意改革，其变革精神成为历代进步思想家、政治家改革图治的理论武器。名家则开创了中国哲学史上逻辑学领域的先河。各家观点不同，主张各异，

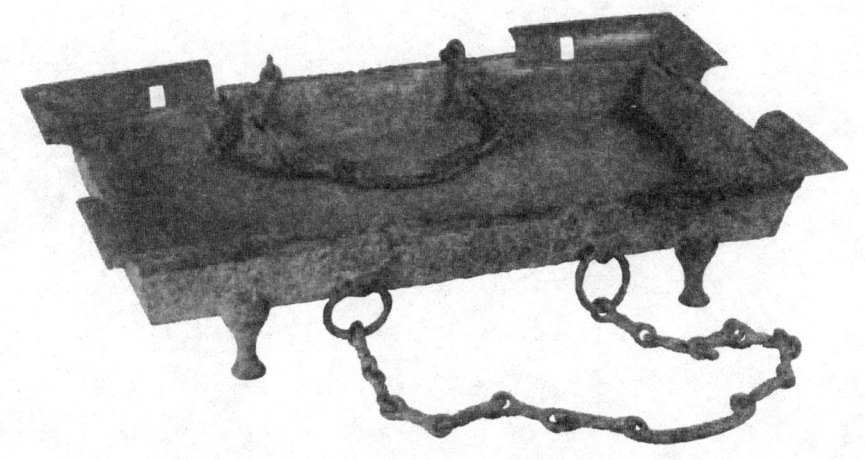

但却殊途同归，共同构造了中华民族传统文化的基本精神。

百家争鸣时期诸子对天地万物、对社会、对人生的各种思考和认识，展示了中华民族的无穷智慧，影响一代又一代的中国人。在国学复兴和弘扬中华文化、建设中华民族共有精神家园的当下，诸子思想无不闪耀着灿烂的光辉。